JN114005

英語長文
レベル別問題集
改訂版

5 上級編

東進ハイスクール・東進衛星予備校 講師

安河内哲也　**大岩秀樹**
YASUKOCHI Tetsuya　OIWA Hideki

東進ブックス

まえがき

　「英語長文レベル別問題集」の世界へようこそ。この問題集は各種の試験においてますます出題が増加している長文読解を，段階別に音声や動画を使って訓練できるように工夫されたシリーズです。**自分に最も合ったレベルから，小さなステップを踏み，練習を重ねることによって，第一志望合格レベルに到達することを目標としています。**レベル①は中学2年生レベルから始まり，レベル⑥は，最難関大学に対応できるレベルとなっています。この間の細かなレベル分類の中に，必ず自分のスタートすべきレベルが見つかるはずです。

　このシリーズにおいては，英文の内容が偏らないように様々なテーマの英文を選択しました。同じようなテーマの英文が連続し，興味を失うことのないよう，配列にも工夫をしています。長文読解は，**「単語」「熟語」「構造」だけではなく，内容に関する豊富な知識を持つことが非常に大切な学習分野となります。**様々なテーマの英文を楽しんで読み進めることにより，英文を読むために必要な一般常識の力もいっしょに身につけていきましょう。

　また，長文読解と一言で言っても，「単語」「熟語」「構造把握力」「速読力」など，すべての英語の力を結集して行う「総合技術」のようなものです。だから，「これをやればすぐにできるようになる」といった単純な処方箋がないのです。

　本書を学習する皆さんは，このような長文読解の特徴を十分に理解し，コツコツと正攻法で学習を進めてください。特に，速読力を身につけるためには，英文を一度読んで答え合わせをするだけではなく，**英文をしっかりと理解したうえで，繰り返し聞いたり，音読したりすることが極めて重要です。**ぜひ，本書付属の音声や動画を活用し，繰り返して英語に対する反射神経を磨いてください。最終的には，学習した長文を耳で聞いてすべてわかるようにしてしまいましょう。

　この問題集の大きな特徴は「使いやすさ」です。限られたページ数の中で，学習が能率的に進められるよう，工夫の限りを尽くしたデザインとなっています。

　重要度からすれば，まさに入試の核とも言えるのが「長文読解」の学習です。本書を片手に受験生の皆さんが「**将来も役に立つ長文読解力**」を身につけてくれることを祈り，応援しております。

安河内 哲也／大岩 秀樹

● 改訂のポイント ●

1️⃣ 古いトピックの長文を削除し，**最新の傾向に合った長文**を新規収録しました。

2️⃣ 複雑な構造の文章やつまずきやすい文章に対し，**構文解説**を追加しました。

3️⃣ **複数のナレーター**（アメリカ人／イギリス人／インド人）の音声を収録しました。

4️⃣ 学習効果を飛躍的に高める**2種類の動画コンテンツ**を追加しました。

レベル⑤の特徴

こんな人に最適！
☑ 有名・難関大学に出題される高度な内容の長文が読めるようになりたい人
☑ 長文を得意分野にし，強力な得点源にしたい人
☑ 英検準１級受験を目指す人

レベル⑤の位置付け

　このレベルでは**有名大学で出題された英文を用い，高度で抽象的な英文が読める実力を身につけること**を目標としています。学術的な内容の英文が増え，**論理的に内容を整理しながら読む力**が求められるようになります。設問を解くにも，英文の論理の流れを十分に把握しておく必要性が出てきます。全体のテーマ，パラグラフのトピックを的確にとらえる訓練をし，**最終的に作者が言いたい結論は何か**をしっかりと把握したうえで設問にあたりましょう。

　このレベルになると，有名大学特有のまぎらわしい選択肢も増えてきます。ひとつひとつの選択肢を「どうして正解／間違いなのか」を丁寧に吟味することによって，まぎらわしい選択肢をすばやく判別する力を身につけましょう。

ゆるぎない確固たる英文読解力を身につけよう！

　レベル⑤を終了すると，**有名・難関大学の問題でもなんとか設問の答えをひねり出せるようになります**。ただし，トップレベルの大学ではさらに抽象的で難解な長文が出題されることもあります。「レベル⑤の英文がマスターできた！」と思う人はさらに上のレベル⑥へと進み，入試で出題される最高レベルの英文を演習してゆるぎない確固たる英文読解力を身につけてください。

▼志望校レベルと本書のレベル対照表

難易度	偏差値	志望校レベル		英検	本書のレベル（目安）					
		国公立大（例）	私立大（例）							
難	～67	東京大，京都大	国際基督教大，慶應義塾大，早稲田大	準1級						⑥最上級編
	66～63	一橋大，東京外国語大，国際教養大，筑波大，名古屋大，大阪大，北海道大，東北大，神戸大，東京都立大	上智大，青山学院大，明治大，立教大，中央大，同志社大						⑤上級編	
	62～60	お茶の水女子大，横浜国立大，九州大，名古屋市立大，千葉大，京都府立大，信州大，広島大，静岡県立大	東京理科大，法政大，学習院大，武蔵大，中京大，立命館大，関西大，成蹊大	2級				④中級編		
	59～57	茨城大，埼玉大，岡山大，熊本大，新潟大，富山大，静岡大，高崎経済大，長野大，山形大，岐阜大，和歌山大　など	津田塾大，関西学院大，獨協大，國學院大，成城大，南山大，武蔵野大，駒澤大，専修大，東洋大，日本女子大　など							
	56～55	共通テスト，広島市立大，宇都宮大，山口大，徳島大，愛媛大　など	東海大，文教大，立正大，西南学院大，近畿大，東京女子大，日本大　など			③標準編				
	54～51	弘前大，秋田大，琉球大，長崎県立大，石川県立大，富山県立大　など	亜細亜大，大妻女子大，大正大，国士舘大，名城大，杏林大，京都産業大　など	準2級						
	50～	北見工業大，釧路公立大，水産大　など	大東文化大，拓殖大，摂南大，共立女子短大　など		②初級編					
↓ 易	－	難関公立高校（高1・2生）	難関私立高校（高1・2生）	3級	①超基礎編					
		一般公立高校（中学基礎～高校入門）	一般私立高校（中学基礎～高校入門）							

本書の使い方

本書には，各レベルに合った英語長文問題が全12題（Lesson 01～12）収録されています。各Lessonは，❶問題文→❷設問→❸解答・解説→❹構造確認／和訳（＋語句リスト）という極めてシンプルな見開き構成で進んでいきます。

| ▶制限時間を目安に，問題文を読んで次ページの問題にチャレンジしましょう。 | ▶各設問を解き，解答欄に答えを書き込みましょう。 | ▶答え合わせ・採点をしてください。解説をよく読み，理解を深めましょう。 | ▶英文の構造を学び，訳を確認しましょう。語句リストで単語も確認しましょう。 |

学習を開始する前に，著者による「**ガイダンス動画**」を視聴して，**本書の効率的な活用法**や**復習の方法**をチェックしましょう。「ガイダンス動画」は，右のQRコードをスマートフォンなどで読み取ることで視聴できます。

▼ガイダンス動画

❶から❹まで一通り終わったら，本書付属の**音声**や「**音読動画**」「**リスニング動画**」で復習しましょう。音読をするときは，ただ機械のように読み上げても意味がありません。**正しい発音を意識**して，**文の内容を理解**しながら音読すると効果が高まります。「音読動画」ではネイティブの口元も確認できるので，真似して発音してみましょう。ぜひ楽しみながら，繰り返し練習してくださいね。

● 本書で使用する記号 ●

S＝主語　　V＝動詞（原形）　　O＝目的語　　C＝補語
※従属節の場合はS′ V′ O′ C′を使用。

SV＝文・節（主語＋動詞）　　Vp＝過去形　　Vpp＝過去分詞
Ving＝現在分詞 or 動名詞　　to V＝不定詞

～＝名詞　　... ／ …＝形容詞or副詞　　.....＝その他の要素（文や節など）

[ ]＝言い換え可能　※英文中の[ ]の場合　　　　( )＝省略可能　※英文中の( )の場合
A／B＝対になる要素（品詞は関係なし）　　　　① ② ③ など＝同じ要素の並列
O(A) O(B)＝第4文型（S V O(A) O(B)）の目的語

[ ]＝名詞（のカタマリ）　　　　　　　□＝修飾される名詞（のカタマリ）
< >＝形容詞（のカタマリ）・同格　　　( )＝副詞（のカタマリ）

4

音声・動画の使い方

音声について

　すべての問題文（英文）の読み上げ音声を聞くことができます。複数のナレーター（アメリカ人／イギリス人／インド人）による音声を収録しました。音声ファイルの名称は下記のようにつけられています。

01 LV5 Lesson01 USA.mp3
トラック名　レベル　　レッスン　　ナレーターの国籍

USA＝アメリカ人（全レッスン）
UK＝イギリス人（奇数レッスン）
INDIA＝インド人（偶数レッスン）

音声の再生方法

■ ダウンロードして聞く（PCをお使いの場合）

　「東進WEB書店（https://www.toshin.com/books/）」の本書ページにアクセスし，パスワード「7RwbLV52r」を入力してください。mp3形式の音声データをダウンロードできます。

■ ストリーミング再生で聞く（スマートフォンをお使いの場合）

　右のQRコードを読み取り，「書籍音声の再生はこちら」ボタンを押してパスワード「7RwbLV52r」を入力してください。

※ストリーミング再生は，パケット通信料がかかります。

動画について

　本書には，「音読動画」「リスニング動画」の2種類の動画が収録されています。

音読動画：チャンクごとにリピーティングを行う動画です（出演：ニック・ノートン先生）。**「耳アイコン」**が表示されているときはネイティブの発音を聞き，**「話すアイコン」**が表示されているときはネイティブを真似して発音しましょう。

リスニング動画：本文のスクリプト付きの音声動画です。**オーバーラッピング**（スクリプトを見ながら音声と同時に発音する），**シャドーイング**（音声を追いかけるように発音する）などで活用してください。

動画の再生方法

　右のQRコードを読み取ると，それぞれの専用ページにアクセスできます。Lesson00（各動画の使い方説明）とLesson01〜12が一覧になっているので，学習したいレッスンのURLを選んで視聴してください。

▼音読動画　　▼リスニング動画

構造確認の記号

[名詞] の働きをするもの

▶名詞の働きをする部分は [ ] で囲む。

1 動名詞

[Eating too much] is bad for your health.
[食べ過ぎること] は健康に悪い。

My sister is very good at [singing *karaoke*].
私の姉は [カラオケを歌うこと] がとても上手だ。

2 不定詞の名詞的用法

Her dream was [to become a novelist].
彼女の夢は [小説家になること] だった。

It is difficult [to understand this theory].
[この理論を理解すること] は難しい。

3 疑問詞＋不定詞

Would you tell me [how to get to the stadium]?
[どのようにして競技場へ行けばよいか] を教えていただけますか。

I didn't know [what to say].
私は [何と言ってよいのか] わからなかった。

4 that節「S が V するということ」

I think [that he will pass the test].
私は [彼がテストに合格するだろう] と思う。

It is strange [that she hasn't arrived yet].
[彼女がまだ着いていないというの] は奇妙だ。

5 if節「S が V するかどうか」

I asked her [if she would attend the party].
私は彼女に [パーティーに出席するかどうか] を尋ねた。

It is doubtful [if they will accept our offer].
[彼らが私たちの申し出を受け入れるかどうか] は疑わしい。

6 疑問詞節

Do you know [where he comes from]?
あなたは [彼がどこの出身であるか] 知っていますか。

I don't remember [what time I left home].
私は [何時に家を出たか] 覚えていません。

7 関係代名詞の what 節

I didn't understand [what he said].
私は [彼が言うこと] を理解できなかった。

[What you need most] is a good rest.
[君に最も必要なもの] は十分な休息だ。

<形容詞>の働きをするもの

▶形容詞の働きをする部分を < >で囲み，修飾される名詞を □ で囲む。

1 前置詞＋名詞

What is the population <of this city>?
<この市の> 人口 はどのくらいですか。

Look at the picture <on the wall>.
<壁に掛かっている> 絵 を見なさい。

2 不定詞の形容詞的用法

Today I have a lot of work <to do>.
今日私は <するべき> たくさんの仕事 がある。

Some people have no house <to live in>.
<住むための> 家 を持たない人々もいる。

3 現在分詞

The building <standing over there> is a church.
<向こうに建っている> 建物 は教会です。

A woman <carrying a large parcel> got out of the bus.
<大きな包みを抱えた> 女性 がバスから降りてきた。

4 過去分詞

This is a shirt <made in China>.
これは <中国で作られた> シャツ です。

Cars <parked here> will be removed.
<ここに駐車された> 車 は撤去されます。

5 関係代名詞節

Do you know the man <who is standing by the gate>?
あなたは <門のそばに立っている> 男性 を知っていますか。

Is this the key <which you were looking for>?
これが <あなたが探していた> 鍵 ですか。

A woman <whose husband is dead> is called a widow.
<夫が亡くなっている> 女性 は未亡人と呼ばれる。

6 関係副詞節

Do you remember the day <when we met for the first time>?
<私たちが初めて出会った> 日 をあなたは覚えていますか。

Kyoto is the city <where I was born>.
京都は <私が生まれた> 都市 です。

＜同格＞の働きをするもの

▶同格説明の部分を＜　＞で囲み，説明される名詞を□で囲む。

1 同格の that 節

We were surprised at the news <that he entered the hospital>.
＜彼が入院したという＞知らせに私たちは驚いた。

There is little chance <that he will win>.
＜彼が勝つという＞見込みはほとんどない。

2 カンマによる同格補足

Masao , <my eldest son>, is finishing high school this year.
＜私の長男である＞マサオは，今年高校を卒業する予定です。

I lived in Louisville , <the largest city in Kentucky>.
私は＜ケンタッキー州最大の都市である＞ルイビルに住んでいた。

（副詞）の働きをするもの

▶副詞の働きをする部分を（　）で囲む。

1 前置詞＋名詞

I met my teacher (at the bookstore).
私は (本屋で) 先生に会った。

I listened to music (over the radio).
私は (ラジオで) 音楽を聞いた。

2 分詞構文 (Ving)

(Preparing for supper), she cut her finger.
(夕食の準備をしていて) 彼女は指を切った。

(Having read the newspaper), I know about the accident.
(新聞を読んだので) その事故については知っている。

3 受動分詞構文 (Vpp)

(Seen from a distance), the rock looks like a human face.
(遠くから見られたとき) その岩は人間の顔のように見える。

(Shocked at the news), she fainted.
(その知らせを聞いてショックを受けたので) 彼女は卒倒した。

4 従属接続詞＋S V

(When I was a child), I went to Hawaii.
(子供の頃に) 私はハワイへ行った。

I didn't go to the party (because I had a cold).
(かぜをひいていたので) 私はパーティーに行かなかった。

5 不定詞の副詞的用法

I was very surprised (to hear the news).
私は (その知らせを聞いて) とても驚いた。

(To drive a car), you have to get a driver's license.
(車を運転するためには) 君は運転免許を取らねばならない。

特殊な記号

1 主節の挿入 {　}

Mr. Tanaka, {I think}, is a good teacher.
田中先生は良い教師だと {私は思う}。

His explanation, {it seems}, doesn't make sense.
彼の説明は意味をなさない {ように思える}。

2 関係代名詞主格の直後の挿入 {　}

He has a son who {people say} is a genius.
彼は天才だと {人々が言う} 息子を持っている。

Do what {you think} is right.
正しいと {あなたが思う} ことをしなさい。

3 関係代名詞の as 節（　）

＊これは副詞的感覚で使用されるため，本書ではあえて（　）の記号を使用しています。

(As is usual with him), Mike played sick.
(彼には普通のことだが) マイクは仮病を使った。

He is from Kyushu, (as you know from his accent).
(あなたが彼のなまりからわかるとおり)，彼は九州出身です。

もくじ ⊕学習記録

＊問題を解いたあとは得点と日付を記入し，付属の音声を聴いたり，「音読動画」「リスニング動画」を視聴したりして繰り返し復習しましょう。

＊本書に収録している英文は，入試に使用された英文を使用しているため，出題者のリライトなどにより，原典と異なる場合があります。

LV5
STAGE-1

Lesson 01

Lesson 02

Lesson 03

Lesson 04

問題文

■次の英文を読み，あとの設問に答えなさい。

The Neanderthals (*Homo sapiens neandertalensis*), about 150,000–35,000 years ago, are the best known of all extinct human sub-species. They first appeared in Europe, and their fossil remains, the first anatomically human forms to be discovered, (A) <u>were</u> found in 1856 in the Neander Valley, Germany. They spread throughout Europe and Western Asia. There is recent evidence that they coexisted with modern humans and no one knows why (B) <u>they</u> suddenly vanished.

The Cro-Magnon (*Homo sapiens sapiens*), about 100,000 years ago, completely resembled modern humans. Although usage of the term Cro-Magnon strictly applies only to those who lived in southwestern France, it has been used by many (C) <u>to</u> generally describe *Homo sapiens sapiens* that lived everywhere else. Their skeletons were discovered in a rock shelter in the Cro-Magnon valley, Les Eyzies, southwestern France, in 1868.

There is evidence obtained through thermoluminescent dating[*] and electron-spin resonance dating[*] at sites of modern hominids[*] in Mount Carmel, Israel, (D) <u>that</u> modern humans existed in Israel about 100,000 years ago, long before the Neanderthal peoples arrived there. If these dates are correct, they imply that these two distinct human ancestors coexisted together for many thousands of years.

(E) <u>More evidence emerged in 1996, when researchers announced that</u>

10

Neanderthals living about 34,000 years ago near Auxerre in central France may have had cultural contacts with Cro-Magnons. Their conclusion was based on stone and bone tools and jewelry-like ornaments

25 discovered in rock shelters occupied by Neanderthals that were similar to (F)those made by Cro-Magnons. The evidence implies that some Neanderthals may have (1) Cro-Magnons rather than learned how to make the more sophisticated objects themselves. The stone tools were discovered in the 1950s, but (G)a positive identification of their origin could

30 not be established until recently.

＊ thermoluminescent dating （熱ルミネセンス年代測定法）
electron-spin resonance dating （電子スピン共鳴年代測定法）
hominid （ヒト科の動物）

設問

(1)　下線部(A)の主語は何か。最も適切な英語1語を，本文中から抜き出して書きなさい。

(2)　下線部(B)が指すものを，次の選択肢の中から1つ選びなさい。

1　all human sub-species　　　**2**　modern humans

3　the human forms　　　　　**4**　the Neanderthals

(3)　下線部(C)と同じ意味・用法の to を含む英文を，次の選択肢の中から1つ選びなさい。

1　I stopped at the shop to buy some wine.

2　I'm disappointed, to be honest.

3　The best way is for you to make an effort.

4　This is a good place to walk.

(4)　下線部(D)と同じ意味・用法の that を含む英文を，次の選択肢の中から1つ選びなさい。

1　I'm very glad that you are able to come.

2　I think it odd that she hasn't let us know.

3　It was such a wonderful movie that I saw it three times.

4　The chances are very good that he'll be promoted.

(5)　下線部(F)が指すものを，次の選択肢の中から1つ選びなさい。

1　conclusions drawn from the new discoveries

2　discoveries that the researchers announced

3　rock shelters where many tools were found

4　stone and bone tools and jewelry-like ornaments

(6)　下線部(G)の意味として最も適切なものを，次の選択肢の中から1つ選びなさい。

1　いつ，どこで，誰が作ったかを確定する証明

2　原人がそれを作ったという決定的な証拠

3　どこで，誰が発見したかというはっきりした記録

4　本物か偽物かを正確に見分ける方法

（7）　下線部(E)を和訳しなさい。

（8）　（　1　）に当てはまる最も適切なものを，次の選択肢の中から１つ選びなさい。

1　been on good terms with　　　　**2**　had trouble with

3　traded with　　　　**4**　trained

（9）　次の(a)〜(e)の各語について，下線部の発音が同じものを，それぞれの選択肢の中から１つ選びなさい。

(a)　ancestor
1　carbon　　**2**　race　　**3**　stamp　　**4**　water

(b)　describe
1　exhibit　　**2**　initiate　　**3**　profit　　**4**　sign

(c)　fossil
1　focus　　**2**　post　　**3**　soccer　　**4**　stone

(d)　species
1　jewel　　**2**　method　　**3**　religion　　**4**　secret

(e)　spread
1　breathe　　**2**　clean　　**3**　create　　**4**　sweat

解　答　用　紙					
（1）		（2）		（3）	
（4）		（5）		（6）	
（7）					
（8）					
（9）	(a)　　　　　　(b)　　　　　　(c)				
	(d)　　　　　　(e)				

解答・解説

(1) were を動詞とする文の主部は「their fossil remains, the first anatomically human forms to be discovered」である。the first で始まる部分は，their fossil remains と同格のカンマでつながれた補足説明。つまり，their fossil remains が主語になる。英単語 1 語を抜き出す条件なので，名詞の remains が正解。

(2) **1** すべての人間の亜種　　　　**2** 現生人類
　　 3 人間の形　　　　　　　　**④** ネアンデルタール人

　　▶「**彼らは突然いなくなった**」とあるので，**前に出てきた複数名詞**で，すでにこの世に**存在しない名詞**を探せばよい。**第 1 段落**はネアンデルタール人に関して述べている段落であることから，**4** が正解だと判断できる。

(3) **①** ワインを買うために，その店に立ち寄った。（副詞的用法：目的）
　　 2 正直に言うと，私はがっかりした。（不定詞の独立用法）
　　 3 最善の方法は，あなたが努力することだ。（名詞的用法）
　　 4 ここは歩くのに適した場所だ。（形容詞的用法）

　　▶下線部は不定詞の**副詞的用法**（**目的**）。be used to V（V **するために使われる**）は頻出。

(4) **1** あなたが来られてとても嬉しい。（原因・理由を表す副詞節）
　　 2 彼女が私たちに知らせないのは変だと思う。（形式目的語 it が受ける真目的語）
　　 3 とてもすばらしい映画だったので，私はそれを 3 回見た。（such 〜 that 構文）
　　 ④ 彼が昇進するという可能性は大いにある。（同格）

　　▶下線部は 名詞 that S V（S が V するという 名詞 ）という意味を持つ**同格の that**。that 節が S や O のカタマリとして使われているわけでもなく，関係詞でもないことから判断できる。ここでは evidence と同格関係を作っている。evidence 直後の obtained から that の前のカンマまで，obtained が作る分詞句。

(5)　**1**　新しい発見から導かれた結論

　　　　2　研究者たちが発表した発見

　　　　3　数多くの道具が発見された岩穴

　　　　④　石器や骨器や宝石のような装飾品

▶代名詞は基本的に前の文に出た名詞を受ける。that were similar to の that は関係代名詞で 2 文をつないでいるので，「Their conclusion was based on stone and bone tools and jewelry-like ornaments discovered in rock shelters occupied by Neanderthals」が前文。**複数名詞**で，「**クロマニョン人によって作られたそれら**」を探すと，下線部は **4** を受けているとわかる。

(6)　「その起源を明確に検証する技術」が下線部の意味。identification（〔**身元の**〕**確認**），origin（**起源**）は必須単語。their は前文の The stone tools を受けている。

(7)　文の主語は More evidence，述語動詞は emerged。when 以降は in 1996 を先行詞とする関係副詞節。また，living は，that S V の V である may have had の前まで，S を修飾する形容詞の働きをする分詞句を作っている点に注意して訳せばよい。

(8)　**1**　〜と仲がよかった　　　　　**2**　〜ともめごとがあった

　　　　③　〜と交換した　　　　　　　**4**　〜を訓練した

▶「ネアンデルタール人の中には，**より複雑なものの作り方を自分で学んだというよりもむしろ**，クロマニョン人（ **1** ）ものもいるかもしれない，ということをその証拠は暗示している」が文意。空所の後の rather than 以降の意味をヒントに考えると，**3** が正解とわかる。

(9)

　(a)　ancestor [ǽnsestər]（先祖）

　　　　1　carbon [káːrbən]（炭素）　　　**2**　race [réis]（レース，競争）

　　　　③　stamp [stǽmp]（切手）　　　　**4**　water [wɔ́ːtər]（水）

　(b)　describe [diskráib]（〜を記述する，〜を描写する）

　　　　1　exhibit [igzíbit/egzíbit]（〜を展示する）

　　　　2　initiate [iníʃièit]（〜を始める）

　　　　3　profit [práfət]（〜の役に立つ）

　　　　④　sign [sáin]（〜に署名する）

(c) fossil [fásl] (化石)

    1 focus [fóukəs] (焦点)   **2** post [póust] (くい，棒)

    ③ soccer [sákər] (サッカー)   **4** stone [stóun] (石)

(d) species [spíːʃi(ː)z] (種)

    1 jewel [dʒúːəl] (宝石)   **2** method [méθəd] (方法)

    3 religion [rilídʒən] (宗教)   **④** secret [síːkrət] (秘密)

(e) spread [spréd] (広がる)

    1 breathe [bríːð] (呼吸する)

    2 clean [klíːn] (〜を掃除する)

    3 create [kriéit/kriːéit] (〜を創造する)

    ④ sweat [swét] (汗をかく)

正　解					
（1）(4点)	remains	**（2）**(4点)	4	**（3）**(5点)	1
（4）(5点)	4	**（5）**(4点)	4	**（6）**(4点)	2

（7）(10点)	より多くの証拠が1996年に現れ，同年の研究者たちの発表によれば，約3万4千年前にフランス中央部のオセール付近に生息していたネアンデルタール人は，クロマニョン人と文化的な接触を持っていたかもしれないのだ。
（8）(4点)	3

（9）(各2点)	(a)　3	(b)　4	(c)　3
	(d)　4	(e)　4	

得点	（1回目）	（2回目）	（3回目）	CHECK YOUR LEVEL	0〜30点 ➡ *Work harder!*
	／50点				31〜40点 ➡ *OK!*
					41〜50点 ➡ *Way to go!*

Lesson 01
構造確認

LEVEL-5

[ ]＝名詞　　□＝修飾される名詞　　＜　＞＝形容詞・同格　（　）＝副詞
S＝主語　V＝動詞　O＝目的語　C＝補語　＇＝従節

この行数は問題文の方の行数に合わせています（段落頭を基準としていますが，一部ずれる場合もあります）。

❶ [The Neanderthals] <(*Homo sapiens neandertalensis*)>, <about 150,000–
    S
35,000 years ago>, are the best known (of all extinct human sub-species). **❶** They
                   V   C   S
(first) appeared (in Europe), and [their fossil remains], <[the first (anatomically)
        V   S
human forms] <to be discovered>>, were found (in 1856) (in the Neander
                                   V
Valley, Germany). They spread (throughout Europe and Western Asia). There
                    S   V
is [recent evidence] <that they coexisted (with modern humans)> and no one
V   S   S'   V'   S
knows [why they (suddenly) vanished].
V   O   S'   V'

❷ [The Cro-Magnon] <(*Homo sapiens sapiens*)>, <about 100,000 years ago>,
    S
(completely) resembled modern humans. **❷** (Although [usage] <of [the term]
            V   O   S'
<Cro-Magnon>> (strictly) applies (only) to [those] <who lived (in southwestern
                             V'   O'   V'
France)>), it has been used (by many) (to (generally) describe [*Homo sapiens*
           S   V
sapiens] <that lived (everywhere else)>). Their skeletons were discovered (in
                  V'   S   V
a rock shelter) (in the Cro-Magnon valley, Les Eyzies, southwestern France),
(in 1868).

構文解説

❶ and が 2 つの文を結び付けている。the first 〜 discovered は前の their fossil remains に
対する補足説明で，前に which are を補って考えることができる（同格の関係と考えても
よい）。the first A to be discovered は「最初に発見された A」。

❷ 〈Although 節＋主節〉の構造。前半の the term A は「A という用語」（同格の関係）。apply
to 〜（〜に当てはまる）の後ろに those who 〜（〜する人々）の形が続いている。後半（主
節）の it は the term Cro-Magnon のこと。be used (by many) to do は「（多くの人々に
よって）〜するために使われる」。to generally describe は，不定詞の to と動詞の原形の間
に副詞が入り込んだ形（分離不定詞）。that は主格の関係代名詞。

【和訳】

❶ 約 15 万〜3 万 5 千年前に生存したネアンデルタール人（ホモ・サピエンス・ネアンデルターレンシス）は，すべての絶滅した人間の亜種のうちで最もよく知られている。彼らが最初に現れたのはヨーロッパであり，これまでに発見された中で解剖学的に人間の形をした最初のものである彼らの化石は，1856 年にドイツのネアンデル谷で発見されていた。彼らはヨーロッパ全土と西アジアに分布した。彼らが現生人類と共存していたという証拠が最近発見されているが，なぜ突然いなくなったのかは不明である。

❷ 約 10 万年前に生存していたクロマニョン人（ホモ・サピエンス・サピエンス）は，現生人類に完全に似ていた。クロマニョン人という言葉の使用は，厳密にはフランス南西部に生存したものにのみ当てはまるが，他のすべての場所に住んでいたホモ・サピエンス・サピエンスを一般的に表すのに多くの人によって使われてきた。彼らの骨格は，1868 年にフランス南西部にあるレゼジーのクロマニョン谷の岩穴から発見された。

重要語句リスト

❶

☐ Neanderthal	图	ネアンデルタール人
☐ extinct	形	絶滅している
☐ human	形	人間の
☐ sub-species	图	亜種
☐ appear	動	現れる
☐ fossil remains	图	化石
☐ anatomically	副	解剖学的に
☐ discover	動	〜を発見する
☐ Neander Valley	图	ネアンデル谷
☐ valley	图	谷
☐ spread	動	広がる
☐ throughout	前	〜の至る所に
☐ Western Asia	图	西アジア
☐ recent	形	最近の
☐ evidence	图	証拠
☐ coexist with 〜	熟	〜と共存する
☐ modern humans	图	現生人類
☐ suddenly	副	突然
☐ vanish	動	消える

❷

☐ Cro-Magnon	图	クロマニョン人
☐ completely	副	完全に
☐ resemble	動	〜に似ている
☐ usage	图	使用，語法
☐ term	图	用語
☐ strictly	副	厳密に
☐ apply to 〜	熟	〜に当てはまる
☐ those who V	熟	V する人々
☐ southwestern	形	南西の
☐ generally	副	一般に
☐ describe	動	〜を記述する，〜を描写する
☐ everywhere else	熟	他のどこでも
☐ skeleton	图	骨格
☐ rock	图	岩
☐ shelter	图	隠れ家，すみか
☐ Les Eyzies	图	レゼジー（地名）

❸ There is evidence \<obtained (through thermoluminescent dating and electron-spin resonance dating) (at sites \<of modern hominids\> \<in Mount Carmel, Israel\>)\>, \<that modern humans existed (in Israel) (about 100,000 years ago), ((long) before the Neanderthal peoples arrived (there))\>. (If these dates are correct), they imply [that these two distinct human ancestors coexisted (together) (for many thousands of years)].

❹ More evidence emerged (in 1996, \<when researchers announced [that Neanderthals \<living (about 34,000 years ago) (near Auxerre \<in central France\>)\> may have had cultural contacts \<with Cro-Magnons\>]\>). Their conclusion was based (on stone and bone tools and jewelry-like ornaments \<discovered (in rock shelters \<occupied (by Neanderthals)\>)\> \<that were similar to those \<made (by Cro-Magnons)\>\>). The evidence implies [that some Neanderthals may have traded (with Cro-Magnons) rather than learned [how to make the more sophisticated objects (themselves)]]. The stone tools were discovered (in the 1950s), but a positive identification \<of their origin\> could not be established (until recently).

15

20

25

30

---

❸ 文全体は, There is evidence 〈obtained ...〉, that ～「〈…得られた〉～という証拠がある」という構造。evidence that ～「～という証拠」の that の前に, evidence を修飾する過去分詞句が置かれている。long before 以下は前の about 100,000 years ago に対する補足説明で, 「10万年前, つまり～のずっと前だった」ということ。

❹ 文全体は, S (More evidence) + V (emerged) の構造で, in 1996 以下は修飾語。when は関係副詞で, when 以下は 1996 に対して補足説明を加える働きをする。announced that ～「～と発表した」の that に続く節の S は Neanderthals ～ France, V は may have had で, 「S は～を持っていたかもしれない」という意味を表す。

20

❸ イスラエルのカルメル山にある現代のヒト科の動物の遺跡で，現生人類はネアンデルタール人の到来よりもずっと以前の約10万年前にイスラエルに生存していたという証拠が，熱ルミネセンス年代測定法と電子スピン共鳴年代測定法によって得られている。もしもこの年代が正しければ，これら2つの異なる人類の祖先は，何万年もの間共存していたことを意味する。

❹ より多くの証拠が1996年に現れ，同年の研究者たちの発表によれば，約3万4千年前にフランス中央部のオセール付近に生息していたネアンデルタール人は，クロマニョン人と文化的な接触を持っていたかもしれないのだ。彼らの結論は，ネアンデルタール人が居住していた岩穴で発見された，クロマニョン人によって作られたものと似た石器や骨器や宝石のような装飾品に基づいていた。ネアンデルタール人の中には，より複雑なものの作り方を自分で学んだというよりもむしろ，クロマニョン人と交易したものもいるかもしれない，ということをその証拠は暗示している。石器は1950年代に発見されたが，その起源を明確に検証する技術は，最近になるまで確立できていなかった。

❸

☐ evidence that S V	熟	S が V するという証拠
☐ obtain	動	～を得る
☐ site	名	遺跡，場所
☐ Mount Carmel	名	カルメル山
☐ Israel	名	イスラエル
☐ exist	動	存在する
☐ long before S V	熟	S が V するずっと前に
☐ imply that S V	熟	S が V することを意味［暗示］する
☐ distinct	形	異なる
☐ ancestor	名	祖先
☐ many thousands of ～	熟	何千［万］もの～

❹

☐ emerge	動	現れる
☐ researcher	名	研究者，研究員
☐ announce that S V	熟	S が V すると発表する
☐ Auxerre	名	オセール（地名）
☐ central	形	中央の
☐ may have Vpp	熟	V したかもしれない
☐ cultural	形	文化的な
☐ contact	名	接触，連絡
☐ conclusion	名	結論
☐ be based on ～	熟	～に基づく
☐ stone tool	名	石器
☐ bone tool	名	骨器
☐ jewelry-like	形	宝石に似た
☐ ornament	名	装飾品
☐ occupy	動	～に居住する，～を占める
☐ be similar to ～	熟	～に似ている
☐ trade with ～	熟	～と交易する
☐ A rather than B	熟	B よりもむしろ A
☐ how to V	熟	V の仕方
☐ sophisticated	形	複雑な，洗練された
☐ object	名	もの，物体
☐ positive	形	明らかな
☐ identification	名	（身元の）確認
☐ origin	名	起源
☐ establish	動	～を確立する
☐ until recently	熟	最近まで

END

■次の英文を読み，あとの設問に答えなさい。

We depend on plastic. Now we're drowning in it.

It's hard to imagine now, but a little over a century ago, hardly anyone knew what plastic was. Today plastic is everywhere, and it makes modern life possible, (1) life-saving medical devices (2) the lightweight materials used in our cars, computers, phones, spaceships, shopping bags, and on and on.

(A)(the / for / convenience / all / provides / it), (B)plastic has become a plague on the environment — particularly our oceans, Earth's last drainage sinks. Of the 9.2 billion tons of plastic produced during the past century, most of it since the 1960s, more than 6.9 billion tons have become waste. And of that waste, a staggering* 6.3 billion tons have never been recycled — a (3) that stunned scientists who crunched the numbers in 2017.

(C)(in / ends up / the ocean / it's / how much / plastic waste / unrecycled / unclear). In 2015, Jenna Jambeck, a University of Georgia engineering professor, caught everyone's attention with a rough estimate: 5.3 million to 14 million tons of plastic each year, just from coastal regions. Most of it is dumped carelessly on land or in rivers, mostly in Asia. Then, Jambeck said, it's blown or washed into the sea.

(4) five plastic grocery bags stuffed with plastic trash, Jambeck said, sitting on every foot of coastline around the world. That would

(　5　) about 8.8 million tons of plastic trash each year. It's unclear how long it will take for that plastic to completely biodegrade[*] into its constituent molecules. Estimates (　6　) from 450 years to never.

25　　Meanwhile, (D)(is / estimated / ocean plastic / kill / marine animals / of / millions / to) every year. Nearly 700 species, including endangered ones, have been affected by it. Some are strangled by abandoned fishing nets or discarded six-pack rings[*]. Many more are probably harmed invisibly. Marine species of all sizes, from zooplankton to whales, now eat 30　microplastics, (E)the bits smaller than one-fifth of an inch across.

＊　staggering（驚異的な）　biodegrade（〔微生物によって〕分解する）
six-pack rings（〔プラスチック製で，6つの輪がつながった形状の〕飲料物用
パッケージ）

(1) （ 1 ）～（ 6 ）に当てはまる最も適切なものを，それぞれの選択肢の中から１つ選びなさい。

（ 1 ），（ 2 ）

1 （ 1 ） to 　（ 2 ） until
2 （ 1 ） by 　（ 2 ） to
3 （ 1 ） from （ 2 ） to
4 （ 1 ） at 　（ 2 ） from

（ 3 ）

1 figure 　　　　**2** waste
3 plague 　　　　**4** decrease

（ 4 ）

1 Even if 　　　**2** What if
3 Put 　　　　　**4** Imagine

（ 5 ）

1 cover up 　　　**2** correspond to
3 cut down 　　　**4** estimate

（ 6 ）

1 range 　　　　**2** build
3 suffer 　　　　**4** are thought

（2）　下線部(A), (C), (D)がそれぞれ下の和訳の意味になるように，（　　　）内の
単語を並べ替えたとき，3番目に来る語句を，それぞれの選択肢の中か
ら1つ選びなさい。ただし，文頭に来る語も小文字で示してある。

(A)それは利便性を与えるにもかかわらず

1　the	**2**　for	**3**　convenience
4　all	**5**　provides	**6**　it

(C)どれだけのリサイクルされていないプラスチックが最終的に海に行くかは
明らかでない

1　in	**2**　ends up
3　the ocean	**4**　it's
5　how much	**6**　plastic waste
7　unrecycled	**8**　unclear

(D)海洋プラスチックは何百万もの海洋動物を殺すと予想されている

1　is	**2**　estimated
3　ocean plastic	**4**　kill
5　marine animals	**6**　of
7　millions	**8**　to

（3）　下線部(B)の中の plague がその文脈の中で意味しているものは何か。最
も適切なものを，次の選択肢の中から1つ選びなさい。

1　shortcoming	**2**　necessity
3　wonder	**4**　trouble

（4）　下線部(E)が意味しているものを，次の選択肢の中から1つ選びなさい。

　　1　constituent molecules
　　2　microplastics
　　3　completely biodegraded plastics
　　4　recycled plastics

（ 5 ） 第 2 段落で取り上げられている各数値の関係を正しく書き表したグラフ
を，次の選択肢の中から 1 つ選びなさい。

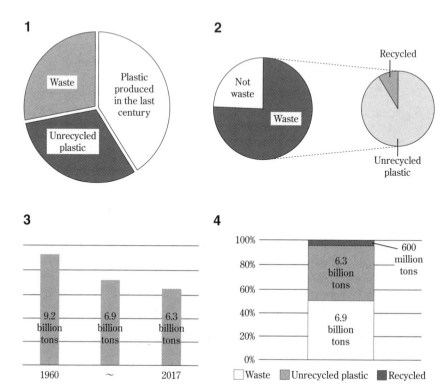

解　答　用　紙		
（1）	（1）,（2）　　　（3）　　　　　（4）	
	（5）　　　　　　（6）	
（2）	(A)　　　　　　(C)　　　　　(D)	
（3）	**（4）**　　　　**（5）**	

解答・解説

(1)

(1), (2)

重要表現 from A to B（A から B まで）を問う問題。（ 1 ）の直後の life-saving medical devices「人命救助のための医療機器」と（ 2 ）の直後の the lightweight materials「軽量の物質」が，直前の「現在ではプラスチックはどこにでもあり，現代の生活を可能にしている」の具体例であることがヒント。

(3)

① 数字　　　**2** 廃棄物　　　**3** 疫病　　　**4** 減少

▶空所前のダッシュ（—）は補足説明や具体的な言い換えで用いる。よって，空所には直前の情報 a staggering 6.3 billion tons have never been recycled を補足説明する単語が入ると考えられる。直後の「数の計算をした科学者を唖然とさせた」から判断して **1** figure が適切。

(4)

1 たとえ〜でも　　　　　　　　**2** （疑問文で）〜ならどうだろう？
3 〜を置く　　　　　　　　　　**④** 〜を想像する

▶挿入されている Jambeck said を隠し，（　　）O Ving となっていることに気がつけば，imagine O Ving（O が V するのを想像する）が正解とわかる。**1** Even if の場合は Even if S1 V1, S2 V2.，**2** What if の場合は What if S V? となるため，空所には当てはまらない。**3** put は直後に O Ving の形をとらない。文法問題を考える際には Jambeck said のような挿入語句を一度隠すと考えやすい。

(5)

1 〜を完全に覆う　　　　　　　**②** 〜に相当する
3 〜を削減する　　　　　　　　**4** 〜を見積もる

▶空所を含む文の主語 that は前文の five plastic grocery bags stuffed with plastic trash (, Jambeck said,) sitting on every foot of coastline around the world「プラスチックごみが詰まった5つのプラスチックの買い物袋が世界中のあらゆる海岸線の底にある」ことを指している。これと空所の直後の「約 880 万トンのプラスチックごみ」とのつながりから判断すると，**2** が適切。

(6)

① わたる　　　**2** 建てる　　　**3** 苦しむ　　　**4** 考えられている

▶空所直後の from ... to 〜がヒント。重要表現 range from A to B（A から B にわたる）を問う問題。range を入れると，文の意味も通る。

(2)

(A) 主節 plastic has become … の前［文頭］のため，副詞の働きになるよう並べ替える。for all ～（～にもかかわらず）に気がつけば，正解の For all the convenience it provides にたどり着く。語群に接続詞がないため，目的格の関係代名詞が省略されていることに気づくかがカギ。

(C) It's unclear how much unrecycled plastic waste ends up in the ocean が正解。語句群の it's と how much から，形式主語構文 It's ... how much の語順をとることに気づくかがカギ。

(D) ocean plastic is estimated to kill millions of marine animals が正解。be estimated to V（V すると予想される）に気づくかがカギ。重要表現 millions of ～（何百万もの～）も覚えておきたい。

(3) **1** 欠点　　　　　　　　**2** 必要性
3 驚き　　　　　　　　**④** 問題

▶「プラスチックは利便性（＋）を与えるにもかかわらず，環境にとって（　　）なものとなった」から空所にはマイナスイメージの語が入る。続く文から，科学者を唖然とさせるほどのごみが発生する結果［問題］を招いていることが読み取れるため，**4** が適切とわかる。

(4) **1** 構成分子　　　　　　　　**②** マイクロプラスチック
3 完全に分解されたプラスチック　　**4** リサイクルされたプラスチック

▶カンマ (,) には「名詞 (A)，名詞 (B) (A，つまり B)」のように A を B で説明する働きがある。よって the bits はカンマ直前の **2** microplastics となる。

(5) 第2段落第2～3文「過去100年間～に製造された92億トンのプラスチックのうち69億トン以上がごみとなった。そして，そのごみのうち，～ 63億トンもの量が全くリサイクルされていない」の内容と合うグラフを選ぶ。Not waste と Waste の比率が 1：3 で，Waste の約9割がリサイクルされていないことを表している **2** が正解。

正 解			
(1)(各3点)	(1)，(2)　**3**　(3)　**1**　(4)　**4**		
	(5)　**2**　(6)　**1**		
(2)(各7点)	(A)　**1**	(C)　**5**	(D)　**2**
(3)(3点)	**4**	**(4)**(4点)　**2**	**(5)**(7点)　**2**

得点	(1回目) ／50点	(2回目)	(3回目)	CHECK YOUR LEVEL	0～30点 ➡ *Work harder!* 31～40点 ➡ *OK!* 41～50点 ➡ *Way to go!*

[　]＝名詞　▢＝修飾される名詞　＜　＞＝形容詞・同格　（　）＝副詞
S＝主語　V＝動詞　O＝目的語　C＝補語　'＝従節

We depend on plastic. Now we're drowning in it.

❶ It's hard [to imagine (now)], but (a little over a century ago), hardly anyone
knew [what plastic was]. (Today) plastic is (everywhere), and it makes modern
life possible, (from life-saving medical devices to the lightweight materials
<used in our cars, computers, phones, spaceships, shopping bags, and on and
on>).

❷ (For all the convenience <it provides>), plastic has become a plague (on
the environment) — (particularly our oceans, Earth's last drainage sinks). (Of
the 9.2 billion tons of plastic <produced (during the past century)>), (most of
it (since the 1960s)), more than 6.9 billion tons have become waste. And (of
that waste), a staggering 6.3 billion tons have never been recycled — a figure
<that stunned scientists <who crunched the numbers (in 2017)>>.

················· 構文解説 ·················

❶ 文全体は，it [=plastic] makes O C「それ［プラスチック］は O を C にする」の構造。from
A to B「A から B に至るまで」は，modern life の具体的な説明。used ～ on は前の the
lightweight materials を修飾する過去分詞句。

❷ S は more ～ tons，V は have become。その前に Of ～「～のうちで」で始まる副詞句が
置かれている。produced ～ 1960s は前の plastic を修飾する過去分詞句。most of it since
the 1960s は独立分詞構文の一種で，most of it [=plastic] having been produced since
the 1960s と言葉を補って考える。

【和訳】

私たちはプラスチックに依存している。

今私たちはプラスチックにおぼれつつある。

❶ 今では想像するのが難しいが，100 年より少し前はプラスチックが何なのか知っている人はほとんどいなかった。現在ではプラスチックはどこにでもあり，プラスチックが現代の生活を可能にしている。人命救助のための医療機器から，車，コンピューター，電話，宇宙船，買い物袋などに使われている軽量の物質まで，挙げればきりがない。

❷ プラスチックは利便性を与えるにもかかわらず，環境，特に地球の最後の排水シンクである海にとって厄介なものとなった。過去 100 年間，大半が 1960 年代以降であるが，その間に製造された 92 億トンのプラスチックのうち 69 億トン以上がごみとなった。そして，そのごみのうち，驚異的である 63 億トンもの量が全くリサイクルされていない。その数字は 2017 年に数の計算をした科学者を唖然とさせた。

重要語句リスト

☐ depend on ～	熟	～に依存する
☐ plastic	名	プラスチック
☐ drown	動	おぼれる
❶		
☐ it's ... to V	熟	V するのは…だ
		→形式主語構文
☐ imagine	動	～を想像する
☐ a little over	熟	～より少し多い
☐ century	名	100 年間
☐ hardly ～	副	ほとんど～ない
☐ knew	動	～を知っている
		know-knew-known
☐ everywhere	副	どこでも
☐ modern	形	現代の
☐ make O C	動	O を C にする
☐ possible	形	可能な
☐ life-saving	形	人命救助のための
☐ device	名	機器
☐ from A to B	熟	A から B まで
☐ lightweight	形	軽量の
☐ material	名	物質
☐ spaceship	名	宇宙船
☐ shopping bag	名	買い物袋
☐ on and on	熟	長々と，延々と
❷		
☐ for all ～	熟	～にもかかわらず
☐ convenience	名	利便性
☐ provide	動	～を与える，～を供給する
☐ plague	名	厄介なもの
☐ environment	名	環境
☐ particularly	副	特に
☐ ocean	名	海
☐ (the) Earth	名	地球
☐ last	形	最後の
☐ drainage	名	排水
☐ sink	名	シンク，流し
☐ of	動	～のうちで
☐ billion	名	10 億
☐ ton	名	トン
☐ produce	動	～を製造する
☐ the past century	熟	過去 100 年間
☐ 1960s	名	1960 年代
☐ waste	名	ごみ
☐ staggering	形	驚異的な
☐ recycle	動	～をリサイクルする
☐ figure	名	数字
☐ stun	動	～を唖然とさせる
☐ crunch	動	～を大量に計算する

❸ It's unclear [how much unrecycled plastic waste ends up (in the ocean)].
　　S V C　　　　　　　　　　　S'　　　　　　　　　　V'
❸
(In 2015), Jenna Jambeck, <a University of Georgia engineering professor>,
　　　　　　S

caught everyone's attention (with a rough estimate): (5.3 million to 14 million　　15
V　　　O

tons of plastic (each year)), (just from coastal regions). Most of it is dumped
　　　　　　　　　　　　　　　　　　　　　　　　　　　　S　　V

(carelessly) (on land) or (in rivers), (mostly in Asia). (Then), Jambeck said,
　　　　　　　　　　　　　　　　　　　　　　　　　　　　　　　S　　　V

it's blown or washed (into the sea).
O S'V'① V'②
❹ Imagine five plastic grocery bags <stuffed with plastic trash>, {Jambeck
　　O V　　O'　　　　　　　　　　　　　　　　　　　　　　　　　　　　S

said}, sitting on every foot of coastline <around the world>. That would　　20
　　　V　　C'　　　　　　　　　　　　　　　　　　　　　　　　S　　V

correspond to about 8.8 million tons <of plastic trash (each year)>. It's unclear
　　　　　　　O　　　　　　　　　　　　　　　　　　　　　　　　　S V C

[how long it will take for that plastic to completely biodegrade into its
　　　　　　S'　V'

constituent molecules]. Estimates range <from 450 years to never>.
　　　　　　　　　　　　S　　　V

❺ (Meanwhile), ocean plastic is estimated to kill millions of marine animals
　　　　　　　　　S　　　　V　　　　　C

(every year). Nearly 700 species, (including endangered ones), have been　　25
　　　　　　　S　　　　　　　　　　　　　　　　　　　　　　V

affected (by it). Some are strangled (by abandoned fishing nets or discarded
　　　　　　　　S　　V

six-pack rings). Many more are (probably) harmed (invisibly). Marine species
　　　　　　　　S　　　V　　　　　　　　　　　　　　　　S

<of all sizes>, (from zooplankton to whales), (now) eat microplastics, <the
　　　　　　　　　　　　　　　　　　　　　　　　　V　　O

bits <smaller than one-fifth of an inch across>>.

----

❸ 文全体は，S (Jenna Jambeck) + V (caught) + O (everyone's attention) の構造。a University
　 ～ professor は前の Jenna Jambeck と同格の関係。with は手段を表す。コロンの後ろは a
　 rough estimate の具体的な内容。

❹ 文全体は，Imagine A sitting on ～「Aが～(の上)に sit していることを想像しなさい」(命
　 令文) の構造。Aにあたる five ～ trash は，sitting (動名詞) の意味上の主語。sit は「(あ
　 る場所に)ある，とどまっている」の意味。

❺ 文全体は，S eat microplastics.「S はマイクロプラスチックを食べる」の構造。from ～ whales
　 は前の名詞句 (Marine ～ sizes) に補足説明を加えている。the bits (which are) smaller
　 ～ across は，microplastics に対する補足説明。

❸ どれだけのリサイクルされていないプラスチックが最終的に海に行くかは明らかでない。2015年，ジョージア大学の工学の教授であるジェナ・ジャンベック氏は，沿岸の地域からだけで，毎年530万から1,400万トンのプラスチックが流れ出ているというおおまかな概算でみんなの注意を引いた。その大半は，主にアジアで，不注意にも陸地や河川に捨てられたものだ。それから吹き飛ばされたり，海へと押し流されたりしたのだ，とジャンベック氏は言った。

❹ プラスチックごみが詰まった5つのプラスチックの買い物袋が世界中のあらゆる海岸線の底にあると想像しなさい，とジャンベック氏は言った。それは，毎年約880万トンのプラスチックごみに相当する。そのプラスチックが完全に構成分子へと分解するまでどれだけの時間がかかるのかは明らかでない。概算は450年で分解するというものから，決して分解しないというものまである。

❺ 一方で，海洋プラスチックは毎年何百万もの海洋動物を殺すと予想されている。絶滅危惧種を含むおよそ700の種が海洋プラスチックによる影響を受けてきた。捨てられた魚網や，捨てられた飲料物用パッケージによって絞め殺されるものもいる。おそらく，より多くの個体が見えないところで害を受けている。今では，動物プランクトンから鯨まで，すべての大きさの海洋動物の種が，直径1インチの5分の1よりも小さい破片である，マイクロプラスチックを食べている。

❸
unclear	形	明らかでない
unrecycled	形	リサイクルされていない
end up in ～	熟	最終的に～に至る
engineering	名	工学
professor	名	教授
caught	動	～をとる
		catch-caught-caught
catch one's attention		
	熟	人の注意を引く
with	前	～で
rough	形	おおまかな
estimate	名	概算
each year	副	毎年
coastal	形	沿岸の
region	名	地域
dump	動	～を捨てる
carelessly	副	不注意にも
on land	熟	陸地で
said	動	～を言う
		say-said-said
blown	動	～を吹き飛ばす
		blow-blew-blown
wash	動	～を押し流す

❹
grocery bag	名	買い物袋
stuff O with ～	熟	Oに～を詰める
trash	名	ごみ
imagine O Ving	熟	OがVするのを想像する
sit	動	ある
every	形	あらゆる
foot	名	底
coastline	名	海岸線
correspond to ～	熟	～に相当する
take	動	(時間が) かかる
completely	副	完全に
biodegrade	動	分解する
constituent	形	構成している
molecule	名	分子
range from A to B	熟	AからBにわたる

❺
meanwhile	副	一方で
estimate O to V	熟	OがVすると予想する
millions of ～	熟	何百万の～
marine	形	海の
species	名	種
endangered	形	絶滅の危険にさらされた
affect	動	～に影響する
some V	熟	Vするものもいる
strangle	動	～を絞め殺す
abandon	動	～を捨てる
fishing net	名	魚網
discard	動	～を捨てる
harm	動	～を害する
invisibly	副	見えずに
zooplankton	名	動物プランクトン
whale	名	鯨
microplastic	名	マイクロプラスチック
bit	名	破片
one-fifth of ～	熟	～の5分の1
an inch across	熟	直径1インチ

END

Lesson 03
問題文
LEVEL-5

03

単 語 数 ▶ 335 words
制限時間 ▶ 25 分
目標得点 ▶ 40 /50点

DATE

■次の英文を読み，あとの設問に答えなさい。

Once upon a time, color was for the rich. Dyes had to be painstakingly derived from plants or animals; quality was uneven and rich colors like purple were reserved for royal families.

That all changed in 1856, when 18-year-old chemistry student William Perkin discovered some unexpected red crystals in the bottom of a test tube. (A)(a) searching (b) a malaria cure in his tiny home laboratory, he had accidentally turned a poisonous coal product (c) a vivid purple that could be used (d) dye silk and other fabrics. In recognition of the Parisian fashion world, he named the first artificial dye after the French name of a purple plant: mauve.* The French, (1), would call it Perkin's purple.

As Simon Garfield describes in his new book about Perkin's purple, (B)launching mauve mania wasn't easy. (C)Perkin had to overcome his chemistry colleagues' contempt for commerce, as well as the distrust of the tradition-bound dye industry.

(D)Perkin's creation took the European fashion world by storm once it was popularized by the French empress, who thought (E)the color matched her eyes. But fashion is changeable, and soon others were following Perkin's experiments, creating their own colors from petroleum* products. Perkin's mauve was soon (2) by Manchester brown, Martius yellow, Nicholson's blue and other colors.

Perkin became a wealthy man. (F)But he also paved the way for generations of industrial chemists who used the organic chemistry he pioneered to create everything from plastics and perfume to explosives.

"His importance was more than just inventing a pretty color for Londoners to admire," says Garfield. "It was one of the key elements that linked pure chemistry with industry."

Perkin and his fellow chemists received great riches from these chemical color discoveries, but couldn't overcome the British scientific leaders' dislike for the commercial. By the time Perkin died in 1907, the British dye industry had been overtaken by Germany, which attracted the world's best chemists to its factories in what Garfield calls "one of the first classic examples of (3)."

* mauve（モーブ〔藤色〕） petroleum（石油）

（1） 下線部(A)は，「藤色の染料は，パーキンが製薬の実験の際に偶然発見した」ことを述べた文であるが，文意の通るように空所（ a ）〜（ d ）に当てはまる最も適切なものを，次の選択肢の中からそれぞれ1つずつ選びなさい。

1 for　　　**2** into　　　**3** while　　　**4** to

（2） （ 1 ）に当てはまる最も適切なものを，次の選択肢の中から1つ選びなさい。

1 to reply　　**2** in turn　　**3** in contrast　　**4** for effect

（3） 下線部(B)の単語の意味の説明で最も適切なものを，次の選択肢の中から1つ選びなさい。

1 causing something to begin

2 keeping something from criticism

3 finding the cause of something

4 preparing something for sale

（4） 下線部(D)の内容として最も適切なものを，次の選択肢の中から1つ選びなさい。

パーキンの作り出した藤色は，ヨーロッパの（　　　　）。

1 ファッション界で，ごうごうの非難を浴びた

2 ファッション界を，嵐のように混乱させた

3 ファッション界に，熱狂的に受け入れられた

4 ファッション界に，強烈な打撃を与えた

（5）　下線部(E)の意味として最も適切なものを，次の選択肢の中から1つ選び
なさい。

その色は，彼女の目の（　　　　）。

1　健康に良かった　　　　　　**2**　色と合っていた
3　大きさに見合っていた　　　**4**　輝きに対抗できた

（6）　（　2　）に入れる語として適切でないものを，次の選択肢の中から1つ
選びなさい。

1　influenced　　　　　　　　**2**　joined
3　followed　　　　　　　　　**4**　succeeded

（7）　下線部(F)の内容として最も適切なものを，次の選択肢の中から1つ選び
なさい。

1　しかしパーキンは，プラスチックや化粧品から爆薬にいたるあらゆる
ものを製造するために何世代分もの努力をして，産業化学者のため
に有機化学への道を開拓した。
2　しかしパーキンは，プラスチックからあらゆるものを作ったり，化粧
品から爆薬を作るための有機化学を探究して，次に続く何世代もの
産業化学者のために道を切り開いた。
3　しかしパーキンは，自分がプラスチックから爆薬にいたるあらゆるも
のを作るために開拓した有機化学を利用する後続世代の産業化学者
のために道を切り開いた。
4　しかしパーキンは，自分の探究した有機化学を利用する次に続く世
代の産業化学者のためにプラスチックや化粧品から爆薬にいたるあら
ゆるものを製造する道を切り開いた。

（8）　（　3　）に当てはまる最も適切なものを，次の選択肢の中から1つ選び
なさい。

1　commercial talent　　　　　**2**　brain drain
3　creative imagination　　　　**4**　information exchange

(9) 第5段落，第6段落の内容と一致するものを，次の選択肢の中から1つ
選びなさい。

1 パーキンの時代，染料化学は伝統と因習を打破し始めていた。
2 パーキンの価値は，同時代の科学の指導者たちに認められて，評価
されていた。
3 パーキンの時代，同時代の科学の指導者たちは商業的なものへの嫌
悪を克服しつつあった。
4 パーキンの価値は，純粋化学と商業を結び付けたことにあった。

(10) 下線部(C)を和訳しなさい。

解　答　用　紙		
（1）	(a)　　　　　　　　　　　　　(b)	
	(c)　　　　　　　　　　　　　(d)	
（2）		**（3）**
（4）		**（5）**
（6）		**（7）**
（8）		**（9）**
（10）		

（ 1 ）

（ a ）　カンマの後に he had accidentally turned と文が続いているので，副詞句か副詞節を作るものが入る。

（ b ）　search for ～（～を探求する）。

（ c ）　turn A into B（A を B に変える）。

（ d ）　be used to V（V するために使われる）。be used to Ving（V するのに慣れている），used to V（昔はよく V したものだった）などの表現と区別すること。

（ 2 ）　**1** 応えるために　　　　　　**②** 今度は
　　　　3（それとは）対照的に　　**4** 効果をねらって

▶「彼〔パーキン〕はその最初の人工的な染料を，紫色の植物のフランス語の名前にちなんでモーブ（藤色）と名づけた。（　1　）フランス人が，それをパーキンズ・パープルと呼んだ」とあるので，**2** が正解。

（ 3 ）　**①** 何かを始める原因となること　　**2** 非難から何かを守ること
　　　　3 何かの原因を見つけること　　　**4** 何か特売の準備をすること

▶launching は主部を作る動名詞。launch ～（～を〔世に〕送り出す）という意味から，launching mauve mania（モーブ熱を〔世の中に〕送り出すこと＝モーブ熱を巻き起こすこと）に近い意味のものを選ぶ。

（ 4 ）　take ～ by storm（～を魅了する）に注意して直訳すると，「パーキンの作り出した色は，ヨーロッパのファッション界をたちまち魅了した」となる。よって，**3** が正解とわかる。また，**第4段落**第2文「しかし**流行**は変わりやすく」に着目すると，第1文は「パーキンの色が**流行**になった」という内容だとわかるので，そこから考えても答えにたどり着く。

（ 5 ）　match（～に似合う，〔ものがもの〕と調和する）は重要単語。「その色が自分の目の色に似合う」が直訳。よって，**2** が正解とわかる。

（ 6 ）　**①** 影響を及ぼされた　　　　　**2** つなげられた
　　　　3 あとに続けられた　　　　　**4** あとを継がれた

▶前文の「しかし流行は変わりやすく，まもなく**パーキンの実験に追随する者たちが他にも現れ**，石油製品から**独自の色を作り出していった**」という内容から，この文は「やがてパーキンズ・モーブの後には，マンチェスター・ブラウン，マルティウス・イエロー，ニコルソンズ・ブルー，その他の色が続いた」となるとわかる。したがって，**1** のみ当てはまらない。

（7）　「しかし彼［パーキン］はまた，自分の開拓した有機化学を利用する次世代の産業化学者が，プラスチックや香水から爆薬にいたるあらゆるものを製造する道を切り開いた」が直訳。to create everything の意味上の主語が generations of industrial chemists であることに注意すれば，**4** が正解だとわかる。

（8）　**1** 商業的才能　**②** 頭脳流出　**3** 創作力　**4** 情報交換

▶関係代名詞「, which」の後に，「世界最高の化学者たちを自国の工場に引きつけた」とある。つまりイギリスからドイツへ有能な人材が出て行ってしまったということなので，「（ 3 ）の最初の典型的な例の 1 つ」の空所には，**2** が入ると判断できる。

（9）　**1** 第 6 段落第 1 文「イギリス科学界の中心人物たちの嫌悪感を克服することはできなかった」に矛盾する。

　　　2 第 6 段落第 1 文「イギリス科学界の中心人物たちの嫌悪感を克服することはできなかった」に矛盾する。

　　　3 第 6 段落第 1 文「商業主義に対するイギリス科学界の中心人物たちの嫌悪感を克服することはできなかった」に矛盾する。

　　　④ 第 5 段落最終文に一致する。

（10）　A as well as B（B だけでなく A も）の A と B の関係に注意して訳す。また，訳に出す必要はないが，この文での commerce（商業）とは「化学を金儲けの手段とすること」を意味している。

正　解		
（1） (5点) [完答]	（ a ）**3**	（ b ）**1**
	（ c ）**2**	（ d ）**4**
（2） (4点)	**2**	**（3）** (5点) **1**
（4） (5点)	**3**	**（5）** (5点) **2**
（6） (4点)	**1**	**（7）** (5点) **4**
（8） (4点)	**2**	**（9）** (5点) **4**
（10） (8点)	パーキンは，伝統に縛られた染物業界の不信だけでなく，商業に対する同僚の化学者たちの軽蔑をも克服せねばならなかった。	

得点	（1回目）　／50点	（2回目）	（3回目）	CHECK YOUR LEVEL	0〜30点 ➡ *Work harder!*　31〜40点 ➡ *OK!*　41〜50点 ➡ *Way to go!*

構造確認

[ ]＝名詞　▢＝修飾される名詞　< >＝形容詞・同格　( )＝副詞
S＝主語　V＝動詞　O＝目的語　C＝補語　´＝従節

❶ (Once upon a time), color was (for the rich). Dyes had to be (painstakingly)
derived (from plants or animals); quality was uneven and [rich colors] <like
purple> were reserved (for royal families).

❷ [That] <all> changed (in 1856), (when [18-year-old chemistry student]
<William Perkin> discovered some unexpected red crystals (in the bottom of
a test tube)). (While searching for a malaria cure (in his tiny home
laboratory)), he had (accidentally) turned a poisonous coal product (into [a
vivid purple] <that could be used (to dye silk and other fabrics)>). (In
recognition of the Parisian fashion world), he named the first artificial dye
(after [the French name] <of a purple plant>): mauve. The French, (in turn),
would call it Perkin's purple.

❸ (As Simon Garfield describes (in [his new book] <about Perkin's purple>)),
[launching mauve mania] wasn't easy. Perkin had to overcome [his chemistry
colleagues' contempt] <for commerce>, (as well as [the distrust] <of the
tradition-bound dye industry>).

構文解説

1 While searching = While he was searching。had turned（過去完了形）が使われている
のは，前の文中の discovered よりも前の時点の出来事だから。turn A into B（A を B に変
える）の B は，a vivid purple の後ろに that で始まる関係詞節を加えた形。

2 文全体は，As A, B. 「A であるように［通りに］，B だ」の構造。S は launching ～ mania
（動名詞句）。

【和訳】

❶ 昔々，色は金持ちのためのものだった。染料は動植物から苦労して抽出しなければならず，質はふぞろいで，紫のような高価な色は王室専用だった。

❷ そうしたことはすべて，1856 年に変化した。その年，18 歳の化学研究生ウィリアム・パーキンが，試験管の底にある思いがけない赤い結晶を発見したのである。自分の小さな家の実験室でマラリアの治療薬を探求しているとき，彼は偶然にも，有毒な炭素化合物を，絹や他の布地を染めるのに使うことのできる鮮やかな紫に変化させていたのだ。パリのファッション界を認めて，彼はその最初の人工的な染料を，紫色の植物のフランス語の名前にちなんでモーブ（藤色）と名づけた。今度はフランス人が，それをパーキンズ・パープルと呼んだ。

❸ サイモン・ガーフィールドがパーキンズ・パープルに関する新著で説明している通り，モーブ熱を巻き起こすことは容易ではなかった。パーキンは，伝統に縛られた染物業界の不信だけでなく，商業（化学を金儲けの手段とすること）に対する同僚の化学者たちの軽蔑をも克服せねばならなかった。

Lesson 03

重要語句リスト

❶
- once upon a time 熟 昔々
- the rich 名 金持ちの人々
- dye 名 染料 / 動 〜を染める
- painstakingly 副 苦労して
- derive A from B 熟 BからAを抽出する
- plants or animals 名 動植物
- quality 名 質
- uneven 形 均一でない
- reserve 動 〜を取っておく
- royal family 名 王室

❷
- chemistry 名 化学
- discover 動 〜を発見する
- unexpected 形 意外な
- crystal 名 結晶
- test tube 名 試験管
- while Ving 熟 Vしている間に
- search for 〜 熟 〜を探求する
- malaria 名 マラリア
- cure 名 治療薬
- tiny 形 小さな
- laboratory 名 実験室
- accidentally 副 偶然に
- poisonous 形 有毒な
- turn A into B 熟 AをBに変える
- coal 名 石炭
- vivid 形 鮮やかな
- silk 名 絹
- fabric 名 布地，繊維
- in recognition of 〜 熟 〜を認めて
- Parisian 形 パリの
- fashion world 名 ファッション界
- name A after B 熟 BにちなんでAに名前をつける
- in turn 熟 今度は

❸
- call O C 動 OをCと呼ぶ
- launch 動 〜を（世に）送り出す，〜を発射する，〜を始める
- mania 名 熱狂
- overcome 動 〜を克服する
- colleague 名 同僚
- contempt 名 軽蔑
- commerce 名 商業
- A as well as B 熟 BだけでなくAも
- distrust 名 不信
- tradition-bound 形 伝統に縛られた
- industry 名 業界，産業

❹ Perkin's creation took the European fashion world (by storm) (once it was popularized (by the French empress, <who thought [the color matched her eyes]>)). But fashion is changeable, and (soon) others were following Perkin's experiments, (creating their own colors (from petroleum products)). Perkin's mauve was (soon) followed (by Manchester brown, Martius yellow, Nicholson's blue and other colors).

20

❺ Perkin became a wealthy man. **3** But he (also) paved the way (for generations <of industrial chemists <who used the organic chemistry <he pioneered>>>) <to create everything <from plastics and perfume to explosives>>. "His importance was more than [(just) inventing a pretty color (for Londoners) <to admire>]," says Garfield. "It was one of the key elements <that linked pure chemistry (with industry)>."

25

❻ Perkin and his fellow chemists received great riches (from these chemical color discoveries), but couldn't overcome the British scientific leaders' dislike **4** <for the commercial>. (By the time Perkin died (in 1907)), the British dye industry had been overtaken (by Germany), <which attracted the world's best chemists (to its factories) (in what Garfield calls "one of the first classic examples <of brain drain>.")>

30

----

3 文全体は, he paved the way for A to do「彼は A が〜するための下地を作った」の構造。way の後ろに「意味上の主語＋形容詞的用法の不定詞」を続けた形。industrial chemists <who used the organic chemistry <(which) he pioneered>> の部分は, who で始まる関係詞節中にもう 1 つの関係詞節（破線部）が含まれている。

4 文全体は, (By the time 〜 ,) S had been overtaken by X.「(〜するまでに) S は (すでに) X によって追い越されていた」の構造。which 〜 drain は前の Germany に補足説明を加える非制限用法の関係詞節。what は関係代名詞で, what S calls C は「S が C と呼ぶもの」。

44

❹ パーキンの作り出した色は，その色が自分の目の色に似合うと考えたフランスの皇后によってひとたび大衆化されると，ヨーロッパのファッション界をたちまち魅了した。しかし流行は変わりやすく，まもなくパーキンの実験に追随する者たちが他にも現れ，石油製品から独自の色を作り出していった。やがてパーキンズ・モーブの後には，マンチェスター・ブラウン，マルティウス・イエロー，ニコルソンズ・ブルー，その他の色が続いた。

❺ パーキンは金持ちになった。しかし彼はまた，自分の開拓した有機化学を利用する次世代の産業化学者が，プラスチックや香水から爆薬にいたるあらゆるものを製造する道を切り開いた。「彼の意義は，単にロンドンっ子たちが賛美する美しい色を発明したということだけではなかった」とガーフィールドは言う。「それは純粋化学と産業とを結び付ける重要な要素の1つだった」。

❻ パーキンと仲間の化学者たちは，これらの化学的な合成色の発見によって大きな富を得たが，商業主義に対するイギリス科学界の中心人物たちの嫌悪感を克服することはできなかった。パーキンが1907年に没するまでにイギリスの染物業は，ガーフィールドの言う「頭脳流出の最初の典型的な例の1つ」として世界最高の化学者たちを自国の工場に引きつけたドイツによって追い越されていたのである。

❹
- □ creation ② 創造（物）
- □ take ~ by storm 熟 ~を魅了する
- □ once S V 接 いったん S が V すると
- □ popularize 動 ~を大衆化する
- □ empress ② 皇后，女帝
- □ match 動 ~に似合う，（ものがもの）と調和する
- □ changeable 形 変わりやすい
- □ experiment ② 実験
- □ Manchester ② マンチェスター（イギリスの都市名）

❺
- □ wealthy 形 裕福な
- □ pave the way 熟 道を開く
- □ industrial 形 産業の
- □ chemist ② 化学者
- □ organic chemistry ② 有機化学
- □ pioneer 動 ~を開拓する
- □ from A to B 熟 A から B まで
- □ explosive ② 爆発物
- □ more than ..... 熟 ..... 以上
- □ Londoner ② ロンドン生まれの人
- □ element ② 要素
- □ pure chemistry ② 純粋化学
- □ link A with B 熟 A を B に結び付ける

❻
- □ fellow 形 仲間の
- □ riches ② 富
- □ discovery ② 発見
- □ scientific 形 科学の，科学的な
- □ leader ② 指導者
- □ dislike ② 嫌悪（感）
- □ the commercial ② 商業的なもの
- □ by the time S V 熟 S が V するまでに
- □ overtake 動 ~を追い越す
- □ attract A to B 熟 A を B に引きつける
- □ what S call C 熟 S が C と呼ぶもの
- □ brain drain ② 頭脳流出

END   45

Lesson 04
問題文

LEVEL-5

単語数 ▶ **342** words
制限時間 ▶ **25** 分
目標得点 ▶ **40** / 50点

DATE

■次の英文を読み，あとの設問に答えなさい。

　The first step in any scientific investigation is to ask a question about the physical world. A scientist can ask, for example, whether a particular painting was completed in the seventeenth century. Various physical and chemical tests can be used to find the age of the paint, study the canvas, X-ray the painting, and so on. The question of whether the painting is old or a modern fake can indeed be investigated by the scientific method. But the methods of science cannot answer other equally valid questions. No physical or chemical test will tell us whether the painting is beautiful or how we are to respond to it. (A)These questions are simply outside the realm of science.

　The scientific method is not the only way to answer questions that matter in our lives. Science provides us with a powerful way of tackling questions about the physical world—how it works and how we can shape it to our needs. But many questions lie beyond the scope of science and scientific methods. Some of these questions are deeply philosophical: What is the meaning of life? Why does the world hold so much suffering? Is there a God? Other important personal questions also lie outside of science: What career should I choose? Whom should I marry? Should I have children? Scientific information might influence some of our personal choices, but we cannot answer these questions fully by (B)the cycle of observation, hypothesis, and testing. For answers, (C)we turn instead to religion, philosophy, and the arts.

　　Symphonies, poems, and paintings are created to be enjoyed and are not, in the end, experiences that need to be analyzed scientifically. This is

25　not a criticism. These art forms _(D)<u>address</u> different human needs than science, and _(E)<u>they</u> use different methods. The same can be said about religious faith. Strictly speaking, there should be no conflict between the questions asked by science and religion, because they cover different aspects of life. Conflicts arise only when people attempt to apply their

30　methods to questions where those methods aren't applicable.

（ 1 ）　下線部(A)に含まれるものを，次の選択肢の中から 1 つ選びなさい。

1　whether a painting was completed centuries ago

2　whether a painting is old

3　whether a painting is a modern fake

4　whether a painting is beautiful

（ 2 ）　下線部(B)の意味に最も近いものを，次の選択肢の中から 1 つ選びなさい。

1　scientific investigation

2　the physical world

3　religious belief

4　personal questions

（ 3 ）　下線部(C)の意味に最も近いものを，次の選択肢の中から 1 つ選びなさい。

1　we have to turn to science instead of religion, philosophy, and the arts

2　we don't necessarily turn to religion, philosophy, and the arts

3　we look to religion, philosophy, and the arts instead of science

4　we offer science as our alternative rather than religion, philosophy, and the arts

（ 4 ）　下線部(D)の意味に最も近いものを，次の選択肢の中から 1 つ選びなさい。

1　make up for　　　　　　　　**2**　search for

3　take advantage of　　　　　　**4**　deal with

(5) 下線部(E)の具体的な内容として最も適切なものを，次の選択肢の中から
1 つ選びなさい。

1 symphonies, poems, and paintings

2 experiences

3 different human needs

4 different methods

(6) 本文の内容と一致するように次の英文の（ 1 ）〜（ 5 ）に当てはま
る最も適切なものを，次の選択肢の中からそれぞれ 1 つ選びなさい。

According to the author, scientific investigation （ 1 ） us to discover a
painting's age but not to decide whether it is beautiful or not, because the
（ 2 ） can actually be proven through the cycle of observation,
hypothesis and testing while the （ 3 ） cannot because it simply
（ 4 ） beyond the （ 5 ） of science.

1 deprives   **2** later   **3** boundaries

4 latter   **5** lies   **6** allows

7 first

解 答 用 紙					
(1)		**(2)**		**(3)**	
(4)		**(5)**			
(6)	(1)		(2)		(3)
	(4)		(5)		

Lesson 04
解答・解説

(1) **1** 絵画が何世紀も前に完成されたものかどうか
2 絵画が古いかどうか
3 絵画が現代の偽物かどうか
④ 絵画が美しいかどうか

▶ these は複数の名詞の反復を避ける代名詞。直前の文を見ると，whether the painting is beautiful と how we are to respond to it が名詞句であり，かつ，それぞれが「…かどうか」「どのように…」と question になっているため，これらを These questions は指していると判断できる。よって，その前者に該当する **4** が正解。

(2) **①** 科学的な調査 　　　**2** 物質界
3 宗教の信仰 　　　**4** 個人的な質問

▶**第2段落**は科学的な方法では最適な解答が得られない質問について書かれている。下線部を含む文の but 以前に「科学的な情報は，私たちの個人的な選択に影響を及ぼすことはあるかもしれない」とあるため，but 以降の内容は「（影響は及ぼしても）科学的な情報では最適な解答が得られない」となることが読み取れる。よって，下線部を含む文意は「観察，仮説，実験のサイクル［＝科学的な情報］で，これらの質問に完全に答えることはできない」となるため，最も意味が近い **1** が正解。

(3) **1** 私たちは，宗教や哲学，人文科学の代わりに科学に頼らなくてはならない
2 私たちは必ずしも宗教や哲学，人文科学に頼らない
③ 私たちは科学の代わりに，宗教や哲学，人文科学を当てにする
4 私たちは宗教や哲学，人文科学ではなく，科学を代替案として提供している

▶（2）の解説の流れから，下線部(C)は「私たちは（科学的情報の）代わりに宗教や哲学，人文科学に頼るのだ」という内容であることが読み取れる。よって，最も意味が近い **3** が正解。本文と選択肢では「turn to ～（～に頼る）」と「look to ～（～を当てにする）」が言い換えられている。

(4) **1** ～を埋め合わせる 　　　**2** ～を探す
3 ～を利用する 　　　**④** ～を扱う

▶多義語 address「名詞：**住所，アドレス，演説**」「動詞：**～に演説する，～に対処する**」の意味を問う問題。本文は動詞であり，「～に演説する」は文脈に

合わない。よって，「～に対処する」と言い換え可能な **4** が正解。また，address の意味がわからなかった場合，続く 4 ～ 6 文「同じことが…言える。厳密に言えば～対立はあるべきではない。なぜなら，それらは人生の異なった側面を cover しているからだ」の流れから，address と cover がほぼ同意で用いられていることがわかる。文脈上 address と cover のどちらにも適する選択肢を考え，**4** を導くことも可能。

(5) **①** 交響曲，詩，絵画　　　**2** 経験
　　　3 異なった人間の要求　　　**4** 異なった方法
　　　▶ they は複数名詞の反復を避ける代名詞。並列された文 A and B は，A と B が同内容となることが多い。よって，下線部を含む文の主語である they は，直前の文の主語 These art forms を指していると考えられる。また，それ以前の文を見ると，These art forms は前出の art forms である**第 3 段落**第 1 文の Symphonies, poems, and paintings を指していると判断できる。

(6)

According to the author, scientific investigation (allows) us to discover a painting's age but not to decide whether it is beautiful or not, because the (first) can actually be proven through the cycle of observation, hypothesis and testing while the (latter) cannot because it simply (lies) beyond the (boundaries) of science.

著者によると，科学的な調査によって，絵画が描かれてからの年数を発見することは（可能になる）が，絵画が美しいかどうかを決められるようにはならない。なぜなら（前者）は，観察，仮説，実験のサイクルを通じて実際に証明できる一方，（後者）は完全に科学の（範囲）を越えて（いる）ため，証明することができないからだ。

1 ～を奪う　　　**2** 後で，もっと後の　　**3** 範囲
4 後者　　　　　**5** 横たわる，ある　　　**6** ～を許す
7 前者

(1)

　　　▶（ 1 ）を含む文は，scientific investigation が主語のため，空所には動詞が入ると考えられる。選択肢の動詞は deprives，lies，allows であるが，空所直後が目的語（人）to V の形となっていることから，**allow 人 to V（人が V するのを許す）**となる **6** が適切。deprive(s) は **deprive A of B（A から B を奪う）**の

ように使われる。

(2), (3)

▶ (2) (3) はどちらも the の直後，助動詞の直前であることから，名詞が入るとわかるため，選択肢の名詞の中から文脈に合う later, latter, first に注目する。the latter には 2 つのうちの「後者」の意味がある。the first は「前者，最初の物」という意味。ここでは，a painting's age が the first に，whether it is beautiful or not が the latter にあたる。よって「観察，仮説，実験のサイクルを通じて実際に証明できる」のは「絵画が描かれてからの年数」なので，(2) には **7** が，また「絵画が美しいかどうか」は証明することができないので，(3) には **4** が入る。… while S V（…な一方で S は V する）もよく使われる表現なので，覚えておこう。また，later は「後で，もっと後の」という意味で使い方が全く違うので，latter との区別に気をつけておきたい。

(4), (5)

▶空所 (4) (5) を含む文は because に続く文のため，「後者が科学では証明できない理由」を完成させる。科学で答えられない質問については，本文の**第 2 段落**第 3 文にも many questions lie beyond the scope of science and scientific methods「多くの質問は，科学や科学的な方法の範囲を越えたところにある」とある。前後の文脈から，(4) は動詞が入るため **5**，(5) にはthe の直後で名詞が入るため **3** を入れて it simply lies beyond the boundaries of science「それは完全に科学の範囲を越えている」とするのが適切。

正　解							
(1) (7点)	**4**	**(2)** (7点)	**1**	**(3)** (7点)	**3**		
(4) (7点)	**4**	**(5)** (7点)	**1**				
(6) (各3点)	(1)　**6**		(2)　**7**		(3)　**4**		
	(4)　**5**		(5)　**3**				

得点	（1回目）　／50点	（2回目）	（3回目）	CHECK YOUR LEVEL	0～30点 ➡ *Work harder!*　31～40点 ➡ *OK!*　41～50点 ➡ *Way to go!*

❶ [The first step] ＜in any scientific investigation＞ is [to ask a question (about
　　S the physical world)]. A scientist can ask, (for example), [whether a particular
painting was completed (in the seventeenth century)]. Various physical and
chemical tests can be used (to find the age of the paint, study the canvas,
X-ray the painting, and so on). [The question] ＜of [whether the painting is old
or a modern fake]＞ can (indeed) be investigated (by the scientific method).
But ■ [the methods] ＜of science＞ cannot answer other equally valid questions.
No physical or chemical test will tell us [whether the painting is beautiful] or
[how we are to respond to it]. These questions are (simply) (outside the realm
of science).

──────── 構文解説 ────────

■ 文全体は，S will tell us O.「S は私たちに O を伝えるだろう」の構造で，O は A [whether
〜] or B [how 〜] の形。how we are to respond to it は「私たちがどのようにそれ[そ
の絵] に反応すべきか」。〈be 動詞＋ to do〉は，ここでは should に近い意味を表す。

【和訳】

❶ どのような科学的な調査においても，最初の一歩は物質界について質問をすることだ。例えば，科学者は特定の絵画が 17 世紀に完成させられたものかどうかを問うことがあるだろう。絵画が描かれてからの年数を発見する，カンバスを調べる，絵画をエックス線で検査するなどのために，様々な物理と化学の実験を使うことができる。絵画が古いものなのか，現代の偽物なのかという質問は実際に科学的な方法で調査することができる。しかし科学的な方法では答えることができない，同様に妥当な質問が他にもある。どのような物理的，もしくは化学的な実験も，絵画が美しいかどうか，または絵画に私たちがどのように反応することになっているかということを私たちに伝えることはできない。これらの質問は，どうしても科学の領域外なのだ。

重要語句リスト

❶

□ step	图 歩，段階
□ scientific	厖 科学的な，科学の
□ investigation	图 調査
□ ask a question	熟 質問をする
□ physical	厖 物理の，肉体の
□ world	图 ～界
□ for example	熟 例えば
□ whether S V	接 S が V するかどうか
□ particular	厖 特定の
□ complete	動 ～を完成させる
□ seventeenth century	图 17 世紀
□ various	厖 様々な
□ chemical	厖 化学の
□ canvas	图 カンバス，画布
□ X-ray	動 ～をエックス線で検査する
□ ～ and so on	熟 ～など
□ modern	厖 現代の
□ fake	图 偽物
□ indeed	副 実際に
□ investigate	動 ～を調査する
□ method	图 方法
□ equally	副 同様に
□ valid	厖 妥当な
□ tell O1 O2	動 O1 に O2 を伝える
□ how S V	接 どのようにして S が V する
□ be to V	熟 V することになっている
□ respond to ～	熟 ～に反応する
□ simply	副 全く
□ outside	前 ～外
□ realm	图 領域

❷ The scientific method is not the only way <to answer questions <that matter (in our lives)>>. Science provides us (with a powerful way <of tackling questions <about the physical world>> — [how it works] and [how we can shape it (to our needs)]). But many questions lie (beyond the scope <of science and scientific methods>). Some of these questions are deeply philosophical: What is the meaning <of life>? Why does the world hold so much suffering? Is there a God? Other important personal questions (also) lie (outside of science): What career should I choose? Whom should I marry? Should I have children? Scientific information might influence some of our personal choices, but we cannot answer these questions (fully) (by the cycle <of observation, hypothesis, and testing>). (For answers), we turn instead to religion, philosophy, and the arts.

❸ Symphonies, poems, and paintings are created (to be enjoyed) and are not, (in the end), experiences <that need to be analyzed (scientifically)>. This is not a criticism. These art forms address different human needs <than science>, and they use different methods. The same can be said (about religious faith). (Strictly speaking), there should be no conflict <between the questions <asked (by science and religion)>>, (because they cover different aspects of life). Conflicts arise (only when people attempt [to apply their methods (to questions <where those methods aren't applicable>)].

15

20

25

30

---

❷ provide O with ~ は「O に~を供給[提供]する」。ダッシュの後ろは a powerful ~ world の具体的な説明。it は the physical world のこと。

❸ S の後ろに A [are created ~] and B[are not ~] という 2 つの V が続いている。are created to be enjoyed は「楽しまれるために創造される」。that 以下は前の experiences を修飾する関係詞節。

❷ 科学的な方法は，私たちの生活において重要な質問に答える唯一の方法ではない。科学は私たちに，物質界が機能している方法や，どのようにして物質界を私たちの要求に合わせて形作ることができるかといった，物質界についての質問に取り組むための強力な方法を提供してくれる。しかし多くの質問は，科学や科学的な方法の範囲を越えたところにある。これらの質問の中には非常に哲学的なものもある。人生の意義とは何か？　なぜ世界にはこんなにも多くの苦しみがあるのか？　神は存在するのか？　他にも，重要で個人的な質問もまた科学の外にある。どの仕事を選ぶべきか？　誰と結婚するべきか？　子供を持つべきか？　科学的な情報は，私たちの個人的な選択に影響を及ぼすことはあるかもしれないが，観察，仮説，実験のサイクルでこれらの質問に完全に答えることはできない。答えるために，私たちは代わりに宗教や哲学，人文科学に頼るのだ。

❸ 交響曲や詩，絵画は楽しまれるために創作されるのであって，最終的には，科学的に分析される必要のある経験ではない。これは批判ではない。これらの芸術形式は，科学が対処するのとは異なった人間の要求に対処し，科学とは異なった方法を用いる。同じことが宗教の信仰についても言える。厳密に言えば，科学と宗教によって問われる質問の間に対立はあるべきでない。なぜなら，それらは人生の異なった側面を扱っているからだ。対立というのは，人間がそれらの方法を，適用することができない質問に対して，適用しようと試みるときにのみ生じるものである。

Lesson 04

❷

☐ lives	图 生活
	→ life の複数形
☐ provide A with B	熟 A に B を提供する
☐ tackle	動 ～に取り組む
☐ work	動 機能する
☐ shape A to B	熟 A を B に合わせて形作る
☐ need	图 要求
☐ lie	動 ある
☐ scope	图 範囲
☐ philosophical	形 哲学的な
☐ suffering	图 苦しみ
☐ God	图 神
☐ career	图 仕事
☐ influence	動 ～に影響する
☐ cycle	图 サイクル，周期
☐ observation	图 観察
☐ hypothesis	图 仮説
☐ testing	图 実験
☐ turn to ～	熟 ～に頼る
☐ religion	图 宗教
☐ philosophy	图 哲学
☐ arts	图 人文科学，諸芸術

❸

☐ symphony	图 交響曲
☐ in the end	熟 結局は
☐ analyze	動 ～を分析する
☐ scientifically	副 科学的に
☐ criticism	图 批判
☐ art form	图 芸術形式
☐ address	動 ～に対処する
☐ said	動 言う
	say-said-said
☐ religious	形 宗教の
☐ faith	图 信仰
☐ strictly speaking	熟 厳密に言えば
☐ conflict	图 対立
☐ aspect	图 側面
☐ arise	動 生じる
☐ attempt to V	熟 V しようと試みる
☐ apply A to B	熟 A を B に適用する
☐ applicable	形 適用できる

END　57

Please teach me, teacher!

Q 日本に住んでいるのに，なぜ英語を学ばなくてはならないのですか？

A 大学受験においても，社会に出てからの勉強においても，「英語」は非常に高い割合を占めています。英語とはある意味，私たちが一生つき合っていかなくてはならないものなので，その目的をしっかりと理解したうえで勉強をした方が，当然，うまくいくに決まっています。

　英語を学習することで得られる利益は多岐に渡ります。皆さんもご存知の通り，英語は世界の「共通語」なので，英語で書かれた文献を読み，理解することで，世界中の知的情報を吸収することができます。また，インターネット上で飛びかっている情報の大部分も英語で書かれています。よく，21世紀は「情報の世紀」と言われますが，その21世紀において，皆さんが英語で書かれた情報を使いこなす能力を身につけることは，一生役に立つ皆さんの「財産」となるのです。

　また，このような情報のグローバル化によって，皆さんは将来，外国の人々と一緒に仕事をする機会が多くなると予想されます。例えば中国人，インドネシア人，カナダ人，フランス人でビジネス会議をするとしましょう。その際，会議場では当然のように英語が使われるでしょう。英語は，このような国際的なビジネスの場に参加するためのパスポートともなるのです。

　英語を学ぶ目的はそれだけにとどまりません。私たちは日本文化の中で育った「日本人」である，ということを強烈に意識させられる機会は限定されていますが，英語という外国語を学ぶことによって，他の文化と日本文化を比較し，日本人としてのアイデンティティーを確認するきっかけになるのです。多くの人が英語学習を通じ，外国人と様々な機会に接することで，自分の生まれた国の文化やアイデンティティーを客観的に確認できるようになったという体験をしています。つまり，英語を学ぶことによって，人生の広がりも深みも増していくということになるのです。

LV5

STAGE-2

Lesson 05
問題文

単 語 数 ▶ **343** words
制限時間 ▶ **20** 分
目標得点 ▶ **40** ／50点

DATE

■次の英文を読み，あとの設問に答えなさい。

The various forms of animal life have evolved over an immense period of time by natural selection, through which they have become differentiated by adapting themselves, with varying degrees of success, to different environments and to successive changes of environment. Not only do climatic conditions differ in different parts of the earth, but in all parts they have undergone a long series of more or less profound changes.

No species of animal can ever be perfectly adapted to its environment, because the environment changes; and a species which has adapted itself exceptionally well to the conditions of a given period may later be made unfit for that very reason, while other species, less highly specialised, increase and multiply.

Man is one of the primates*, the highest (A)order of animals, which includes, besides him, the apes and monkeys. Other mammalian orders are the carnivora*, including the dog and cat, and the ungulates*, including the horse and cattle.

The earliest mammals* lived in trees. From this ancestral (B)stock the ungulates and carnivora branched off by adapting themselves in various ways to living on the ground. Losing the finer (C)articulation of their limbs, they learnt to stand firmly and move rapidly on all fours, and they developed various offensive and defensive (D)organs, such as horns, hoofs, backbones, teeth for chewing grass or for tearing flesh, and long projecting noses for smelling at a distance.

25　Meanwhile another group, ancestors of the primates, remained in the trees and so preserved on the whole the primitive mammalian (E)structure. Their conditions of life required good eyesight rather than a keen scent, agility and cunning rather than speed and strength, and their diet of fruit and leaves made no great demands on the teeth. The projecting nose dwindled while the eyes developed acute vision. The 30　claws shrank into flattened nails. The fingers and toes became more flexible, with the thumb and big toe moving in opposition to the others, (1) (2) they (3) (4) (5) handle (6) (7); and finally, in keeping (8) these developments, the brain became larger and more complex.

Lesson
05

*　primate（霊長類）　　carnivora（食肉類）
　ungulate（有蹄動物）　　mammal（哺乳動物）

設問

(1) 本文のタイトルとして最も適切なものを，次の選択肢の中から1つ選びなさい。

1 自然環境の破壊と生物の進化

2 すぐれた哺乳類としての人類

3 人類の過去と未来

4 自然環境への適応と生物の進化

5 自然環境の変化と生物の退化

(2) 次の(a)〜(d)にある文章の中で，本文の内容と一致するものを，それぞれの選択肢の中から1つ選びなさい。

(a)

1 自然環境の破壊が動物の形態に大きく影響している。

2 環境の変化に応じて動物の形態が決まるとは限らない。

3 動物の形態は長い時間の中で自然に淘汰されてできている。

4 動物は進化の過程で気候の変化と環境の悪化によって突然変異を起こすことがある。

5 自然淘汰だけが動物の形態を決める要因ではない。

(b)

1 環境はいつも変わっているわけだから，動物の環境への適応は環境の変化を調べるとよくわかる。

2 気候条件のみならずその他の環境条件も多かれ少なかれ動物と共に大きな変化を起こしている。

3 ある時，特に環境に適応することを覚えた動物は，その後，環境の変化にもうまく対応して生きながらえる。

4 環境はいつも変わっているわけだから，どんな動物でも常に環境に完全に適応しているということはない。

5 環境が常に変化しているからといって動物は一度身につけた能力を失うことはない。

(c)

1 哺乳類の祖先は樹上生活をしていたのだが，最初に地上生活を始めたのは人間の祖先である猿類である。

2 哺乳類の祖先は樹上生活をやめ地上生活を始めた時から攻撃的になり牙や爪，ひづめ，嗅覚などを発達させた。

3 長く樹上生活を続けていた哺乳類の祖先は果実や木の葉を主に食べていたので，性格の穏やかな霊長類になった。

4 性格の穏やかな霊長類から人類が形成されてきたのだが，それは彼らが攻撃的な敵を見破るすぐれた感覚を発達させたからである。

5 哺乳類の祖先は樹上生活をしていたのだが，最初に地上生活を始めたのは食肉類と有蹄動物である。

(d)

1 霊長類の祖先は他の哺乳類より樹上生活を早く捨てて地上生活に移ったので哺乳類としての構造を身につけることができた。

2 霊長類の祖先は他の哺乳類より長く樹上生活を続けたので哺乳類の初期の構造を保存することができた。

3 霊長類の祖先は樹上生活を捨てた時から動物としての様々な鋭い感覚を失った。

4 霊長類の祖先は樹上で果実や木の葉を食べていたので健康が維持され視力や嗅覚も発達した。

5 霊長類は他の哺乳類と比べると樹上生活が短かったので感覚器官が鋭くなった。

(3) 下線部(A)〜(E)の意味に最も近いものを，それぞれの選択肢の中から1つ選びなさい。

(A) order

1 the condition in which everything is carefully and neatly arranged

2 a command or instruction given by somebody in authority

3 a group of related animals or plants

4 a group of people belonging to a special class

5 the way one thing follows another

(B) stock

1 store of goods available for sale, distribution or use in a shop or warehouse

2 farm animals

3 the lower and thicker part of a tree trunk

4 the growing plant onto which a cutting is grafted

5 family or race origins

(C) articulation

1 making of speech sounds

2 the state of being oriented

3 the act or a mode of jointing

4 expressing an idea clearly

5 systematic arrangement

(D) organ

1 a part of an animal or a plant which serves some special purpose

2 one of the parts of the framework of the body of an animal

3 any of the projecting parts of the body of an animal

4 a hard permanent outgrowth on the head of hoofed mammals

5 the horny or solid part of the limbs of an animal

(E) structure

1 a frame or mould that gives shape to something

2 the ability to run at high speed

3 the power to hold things

4 the general appearance or character of affairs

5 any of the special powers of the body

（4） （ 1 ）～（ 8 ）に当てはまる最も適切なものを，次の選択肢の中からそれぞれ1つずつ選びなさい。

1 could	**2** objects	**3** so	**4** small
5 that	**6** grasp	**7** and	**8** with

解　答　用　紙		
(1)		
(2)	(a)	(b)	(c)
	(d)		
(3)	(A)	(B)	(C)
	(D)	(E)	
(4)	（ 1 ）	（ 2 ）	（ 3 ）
	（ 4 ）	（ 5 ）	（ 6 ）
	（ 7 ）	（ 8 ）	

解答・解説

(1) 　本文は「動物の自然環境に対する適応と進化」について述べた文であることから，**4**が正解だと判断できる。

(2)

(a) 　**第1段落**第1文「動物の様々な形態は莫大な期間を経て自然淘汰によって進化してきたものであり」に，**3**の内容が一致する。

(b) 　**第2段落**第1文「どの種の動物も，環境に完全に順応することは決してできない」に，**4**の内容が一致する。

(c) 　**第4段落**第1～2文「**最も初期の哺乳動物は，樹上で暮らしていた**。この原種族から，**地上での生活**に様々な方法で**順応**することによって，**有蹄動物と食肉類が分化した**」に，**5**の内容が一致する。

(d) 　**第5段落**第1文「一方他のグループである霊長類の祖先たちは樹上にとどまったので，概して原始的な哺乳動物の構造を保持した」に，**2**の内容が一致する。

(3)

(A) **1** すべてが注意深く，そして適切に配置された状態
　2 権威ある者によって与えられた命令や指示
　③ 同族の動物や植物の集団
　4 特別な階級に属している人たちの集団
　5 ある物事が，他の物事に続く様

▶多義語 order（順番，秩序，命令〔する〕，注文〔する〕，〔生物分類上の〕目）は押さえておくべき単語。本文が**生物の適応と進化**について述べられた文であることと，下線部の後に the highest order of animals の説明として**類人猿・猿**が挙げられていることから，下線部は「（生物分類上の）目」だとわかる。

(B) **1** 小売店や倉庫にある，販売，配達，使用するのに利用できる商品の蓄え
　2 農場の動物
　3 木の幹のより下にあって，より厚みのある部分
　4 接ぎ木されて育っている植物
　⑤ 一族や種族の起源

▶下線部の前に this があるので，**this ancestral stock** とは，前文の The earliest mammals「最も初期の哺乳動物」の言い換えだとわかる。

(C)　**1**　音声作り
　　　2　方向づけられた状態
　　　③　関節部の動きや形態
　　　4　考えを明確に述べること
　　　5　体系的な配置

▶「四肢のより細やかな articulation を失ったが，彼らは四足でしっかりと立ってすばやく移動するようになり」から，前半部は「しっかり立ってすばやく移動する」ことを可能にする内容だと判断できる。そのような動作を可能にするためには「四肢の関節」をより安定した状態にする必要があるため，下線部は「関節」と考えられる。

(D)　①　ある特別な目的を担っている動植物の一部分
　　　2　動物の体の骨組みの一部分
　　　3　動物の体の突き出た部分
　　　4　有蹄哺乳動物の頭上に硬く永久的に伸び出したもの
　　　5　動物の脚の角状のまたは硬い部分

▶ **organ**（**器官**）は必須単語だが，下線部直後から意味を類推することもできる。具体例を示す such as ～（例えば～のような）があるので，その具体例「角，ひづめ，背骨，歯，鼻」のすべてに共通する特徴から，下線部の意味は **1** であるとわかる。

(E)　①　何かあるものに形を与えている骨組みや型
　　　2　高速で走る能力
　　　3　物を握る力
　　　4　出来事の全体的な印象や特性
　　　5　肉体の特別な力

▶ **structure**（**構造**）は必須単語だが，文脈から意味を類推することもできる。「structure を保持した」とあり，具体的に何を保持したのかは第3文以降に書かれている。そこには**肉体の構造上の変化が述べられている**ので，下線部の意味は **1** であるとわかる。

（**4**）　「(so)(that) they (could)(grasp)(and) handle (small)(objects); and finally, in keeping (with) these developments」が完成文。主語 they に目を向けると，前の空所には**接続詞**，後ろの空所には**動詞**が入ることがわかる。handle 〜（〜を扱う）も動詞なので，grasp と handle が and で並べられ，handle の後には目的語となる**名詞**が入るとわかる。（　8　）は，直後に名詞があるので**前置詞**が入る。in keeping with 〜（〜に伴って，〜に従って）は重要表現。

Lesson
05

正　解		
(1) (6点)　**4**		
(2) (各4点)　(a)　**3**	(b)　**4**	(c)　**5**
(d)　**2**		
(3) (各4点)　(A)　**3**	(B)　**5**	(C)　**3**
(D)　**1**	(E)　**1**	
(4) (8点 [完答])　(1)　**3**	(2)　**5**	(3)　**1**
(4)　**6**	(5)　**7**	(6)　**4**
(7)　**2**	(8)　**8**	

得点	（1回目）　　／50点	（2回目）	（3回目）	CHECK YOUR LEVEL	0～30点 ➡ *Work harder!*　31～40点 ➡ *OK!*　41～50点 ➡ *Way to go!*

構造確認

［　］=名詞　□=修飾される名詞　＜　＞=形容詞・同格　（　）=副詞
S=主語　V=動詞　O=目的語　C=補語　'=従節

❶ [The various forms] <of animal life> have evolved (over an immense period of time) (by [natural selection]), <through which they have become differentiated (by [adapting themselves, (with varying degrees of success), (to different environments) and (to [successive changes] <of environment>)])>.
Not only do climatic conditions differ (in [different parts] <of the earth>), but (in all parts) they have undergone a long series of (more or less) profound changes.

❷ [No species] <of animal> can (ever) be (perfectly) adapted (to its environment), (because the environment changes); and [a species] <which has adapted itself ((exceptionally) well) (to [the conditions] <of a given period>)> may (later) be made unfit (for that very reason), (while [other species], <less highly specialised>, increase and multiply).

❸ Man is one of [the primates], <the highest order of animals>, <which includes, (besides him), the apes and monkeys>. Other mammalian orders are [the carnivora], <including the dog and cat>, and [the ungulates], <including the horse and cattle>.

構文解説

■ 文全体は，S have evolved.「S は進化してきた」という構造に修飾語が加わった形。through which 以下は natural selection「自然淘汰」に対する補足説明。by 以下の基本構造は by adapting themselves to A and to B「彼ら自身を A と B に順応させることによって」。with ～ success は「様々な程度の成功を伴って」の意味。

■ while が２つの文を結び付けている。前半は a species may be made unfit「ある種が不適応にされるかもしれない」が基本構造。that very reason は which ～ period の内容を指す。後半の less ～ specialised は other species に対する補足説明で，前に which are を補って考えてもよい。

【和訳】

❶ 動物の様々な形態は莫大な期間を経て自然淘汰によって進化してきたものであり，その淘汰を通じて動物は，成功の程度は様々であっても，異なる環境と絶え間ない環境の変化に順応することによって分化してきた。地球上の様々な場所で気候条件が異なるだけでなく，すべての場所で動物たちは長期にわたって多かれ少なかれ大きな変化の連続を経験してきた。

❷ どの種の動物も，環境に完全に順応することは決してできない。なぜなら環境は変化するからである。そして，ある一定の期間の条件に例外的にうまく順応した種が，まさにその理由によって後には不適応となる場合もあり，一方それほど高度に特殊化していない他の種が増えて繁殖する場合もある。

❸ 人類は動物の最高目である霊長類の一種であり，そこには人類のほかに類人猿と猿が含まれる。他の哺乳動物目は，犬や猫を含む食肉類と，馬や牛を含む有蹄動物である。

重要語句リスト

❶

various	形	様々な
animal life	名	動物
evolve	動	進化する
immense	形	莫大な
over a ... period of time		
	熟	…の期間にわたって
natural selection	名	自然淘汰
differentiate	動	～を分化させる
varying	形	様々な
degree	名	程度
with success	熟	成功して
adapt oneself to ～		
	熟	～に順応する
environment	名	環境
successive	形	引き続いた
climatic	形	気候の
condition	名	条件
differ	動	異なる
(the) earth	名	地球
not only A but (also) B		
	熟	AだけでなくBも
undergone	動	～を経験する
		undergo-underwent-
		undergone
a long series of ～	熟	長く続く～
more or less	熟	多かれ少なかれ
profound	形	大きな，深い

❷

species	名	種（しゅ）
no [not] ..... ever V		
	熟	決してVしない
perfectly	副	完全に
exceptionally	副	例外的に
given	形	一定の
period	名	期間
make O C	動	OをCにする
unfit	形	不適応の
very	形	まさにその
....., while S V	接	.....，一方でSはVする
highly	副	高度に
specialised	形	特殊化［分化］した
increase	動	増える
multiply	動	繁殖する

❸

order	名	（生物分類上の）目（もく）
include	動	～を含む
besides	前	～に加えて
ape	名	類人猿
mammalian	形	哺乳動物の
cattle	名	牛

Lesson
05

❹ The earliest mammals lived (in trees). (From this ancestral stock) the
　　S　　　　　　　　　　V　　　　　　　　　　　　　　　　　　　　　　　S
ungulates and carnivora branched off (by [adapting themselves (in various
　　　　　　　　　　　　　　　V
ways) (to [living (on the ground)])]). **3** (Losing [the finer articulation] <of their

limbs>), they learnt [to stand (firmly) and move (rapidly) (on all fours)], and　　　20
　　　　　　S　　V　　　O
they developed [various offensive and defensive organs], <such as horns,
　S　　V　　　　　　　　　　O
hoofs, backbones, [teeth] <for chewing grass or for tearing flesh>, and [long

projecting noses] <for smelling (at a distance)>>.

❺ (Meanwhile) [another group], <[ancestors] <of the primates>>, remained (in
　　　　　　　　　　S　　　　　　　　　　　　　　　　　　　　　　　　　V①
the trees) and so preserved (on the whole) the primitive mammalian structure.　　25
　　　　　　　　　V②　　　　　　　　　　　O②
[Their conditions] <of life> required good eyesight (rather than a keen scent),
　S　　　　　　　　　　　V　　　O①
agility and cunning (rather than speed and strength), and [their diet] <of fruit
O②　　　　　　　　　　　　　　　　　　　　　　　　　　　　S
and leaves> made no great demands (on the teeth). The projecting nose
　　　　　　V　　O　　　　　　　　　　　　　　　　　S
dwindled (while the eyes developed acute vision). The claws shrank (into
V　　　　　　　S'　　　V'　　　O'　　　　　　　S　　　V
flattened nails). **4** The fingers and toes became more flexible, (with the thumb　　30
　　　　　　　　　　S　　　　　　　　V　　　C
and big toe moving (in opposition to the others)), (so that they could grasp
　　　　　　　　　　　　　　　　　　　　　　　　　　　　　　S'　　V'
and handle small objects); and (finally), (in keeping with these developments),
　　　　　O'
the brain became larger and more complex.
　S　　　V　　　C

....

3 Losing ～ limbs は分詞構文で,「～を失いながら」または「～を失って(そして)」の意味。
その後ろに A and B の形で2つの文が続いている。such as「例えば～のような」以下は前
の名詞句「various ～ organs」の具体例で, A, B, C, D, and E という形で5つの例が挙げ
られている(D と E には for ～ ing という修飾語がついている)。

4 最初のカンマの前までで文の形が完成しており,with 以下は修飾語。with A ～ ing は「A
が～する状態で」(付帯状況)。so that they could ～は「それら[手足の親指]が～できる
ように」の意味。

❹ 最も初期の哺乳動物は，樹上で暮らしていた。この原種族から，地上での生活に様々な方法で順応することによって，有蹄動物と肉食類が分化した。四肢のより細やかな関節を失ったが，彼らは四足でしっかりと立ってすばやく移動するようになり，様々な攻撃または防御用の器官を発達させた。それは例えば角，ひづめ，背骨，草をかんだり肉を引き裂いたりするための歯，遠くのにおいを嗅ぐための長く突き出した鼻などである。

❺ 一方他のグループである霊長類の祖先たちは樹上にとどまったので，概して原始的な哺乳動物の構造を保持した。彼らの生活環境は，鋭い嗅覚よりもすぐれた視力を，速度や強さよりもむしろ敏捷さや狡猾さを必要とし，果物と葉の食事は歯に大きな要求をしなかった。突き出た鼻がしだいに小さくなる一方，目は鋭敏な視覚を発達させた。かぎ爪は縮んで，平爪に変化した。小さなものをつかんだり使いこなしたりできるよう，手足の指はより柔軟になり，手足の親指が他の指とは逆に動くようになった。そして最後には，これらの進化に伴って脳がより大きく，より複雑になった。

Lesson 05

❹

ancestral	形	祖先の
stock	名	（動植物の）種族
branch off	熟	分化する
in various ways	熟	様々な方法で
articulation	名	関節，接合
limb	名	（人間・動物の）肢，手足
learn to V	熟	V するようになる
firmly	副	しっかりと
rapidly	副	すばやく
on all fours	熟	４つ足をついて
offensive	形	攻撃的な
defensive	形	防御的な
organ	名	器官
horn	名	角（つの）
hoof	名	ひづめ
backbone	名	背骨
teeth	名	歯
		→ tooth の複数形
chew	動	～をかむ
tear	動	～を引き裂く
flesh	名	肉
projecting	形	突き出た
smell	動	においを嗅ぐ
at a distance	熟	離れたところで［に］

❺

meanwhile	副	一方で
preserve	動	～を保存する
on the whole	熟	概して
primitive	形	原始的な，初期の
require	動	～を必要とする
eyesight	名	視力
A rather than B	熟	B よりもむしろ A
keen	形	鋭い
scent	名	嗅覚
agility	名	敏捷（びんしょう）さ
cunning	名	狡猾（こうかつ）さ
make demands on ～	熟	～に要求する
dwindle	動	小さくなる，縮む
acute	形	鋭い
vision	名	視覚
claw	名	かぎ爪
shrank	動	縮む
		shrink-shrank-shrunk
flattened	形	平らな，ぺちゃんこの
nail	名	爪
finger	名	手の指
flexible	形	柔軟な
thumb	名	手の親指
big toe	名	足の親指
in opposition to ～	熟	～とは反対に
so that S can V	熟	S が V できるように
grasp	動	～をつかむ
handle	動	～を扱う，～を操作する
object	名	もの，物体
in keeping with ～	熟	～に伴って，～に従って
development	名	進化，発達
complex	形	複雑な

Lesson 06
問題文

LEVEL-5

単 語 数 ▶ **344** words
制限時間 ▶ **20** 分
目標得点 ▶ **40** ／50点

DATE

■次の英文を読み，あとの設問に答えなさい。

One incident from my childhood deeply influenced my career as a scientist, a theoretical physicist who studies other galaxies.* When I was young, my parents would take me to visit the famous Japanese Tea Garden in San Francisco. One of my happiest childhood memories is of sitting next to the pond. I was (A)fascinated by the brightly colored carp swimming beneath the surface of the water. I asked silly questions that only a child might ask. I wondered how these fish viewed the world around them. What a strange world (B)theirs must be!

Once I imagined what would happen if I took one of the carp out of the pond. I wondered what the other carp would think about this. Wherever they looked, there would be no evidence of the missing carp in their pond. Then, a moment later, when I threw it back into the pond, the carp would suddenly reappear out of nowhere. To the other carp, it would appear that a miracle had happened. The carp that I removed from the pond would tell an (C)amazing story. (D)It would say that it had traveled to a mysterious world filled with objects it had never seen before, and that it had been captured by a strange creature who did not look like a fish at all. Of course, this story of a journey beyond the universe would be so fantastic that most of the carp would not believe (E)it.

I often think that people are like the carp swimming in that pond.

We live out our lives in our own "pond." We think that our universe (F)<u>consists of</u> only those things we can see or touch. We refuse to admit that other universes or different worlds can exist next to ours, just

25　beyond our grasp. But ever since I visited the carp in the Japanese Tea Garden, I have been fascinated by the possibility of the existence of other worlds that we cannot see. This incident (G)<u>（　1　）（　　　）（　　　） the world and （　2　）</u> to think creatively.

Lesson
06

＊　galaxy（銀河）

設問

（1） 下線部(A), (B), (C), (E), (F)の意味を変えずに置き換えが可能なものを，
それぞれの選択肢の中から1つ選びなさい。

(A) fascinated

1 attracted　　　**2** afraid　　　　**3** confused　　　**4** annoyed

(B) theirs

1 the children's world　　　　　**2** the parents' world

3 the memories' world　　　　　**4** the carp's world

(C) amazing

1 famous　　　**2** complicated　**3** unbelievable　**4** false

(E) it

1 the story of a journey　　　　　**2** the carp universe

3 the strange creature　　　　　**4** an object never seen before

(F) consists of

1 conducts　　　**2** denies　　　**3** admires　　　　**4** contains

（2） 本文中では，何が何の比喩として論じられているか。最も適切なものを，
次の選択肢の中から1つ選びなさい。

1 pond が universe の比喩として

2 pond が carp の比喩として

3 garden が carp の比喩として

4 carp が other types of fish の比喩として

5 universe が garden の比喩として

（3） 下線部(D)を和訳しなさい。

（4） 次の選択肢の語句をそれぞれ一度ずつ使って下線部(G)を完成させたと
き，（　1　），（　2　）に当てはまる最も適切なものを選びなさい。

1 taught me　　　　　　　　　**2** from my childhood

3 greatly enriched　　　　　　**4** my understanding of

(5) 本文の内容と一致するものを，次の選択肢の中から１つ選びなさい。

1 Scientists must spend a lot of time outdoors when they are children.

2 Scientists must remember their childhood.

3 Scientific discoveries may begin from silly questions.

4 Scientists have the ability to communicate with non-human creatures.

5 Scientific thinking is based only on what can be seen and touched.

(6) 本文のタイトルとして最も適切なものを，次の選択肢の中から１つ選びなさい。

Lesson
06

1 A Walk in the Japanese Tea Garden

2 The Natural History of Fishponds

3 Imagining Other Worlds

4 The Art of Carp Fishing

5 Communication Between Humans and Fish

解 答 用 紙			
(1)	(A)	(B)	(C)
	(E)	(F)	
(2)			
(3)			
(4)	(1)	(2)	
(5)		(6)	

解答・解説

(1)

(A) 魅了された
  ① 引きつけられた 　　**2** 恐れた
  3 混乱した 　　　　　**4** 困っている

(B) theirs
  1 子供たちの世界 　　**2** 親たちの世界
  3 記憶の世界 　　　　**④** 鯉の世界

　　▶感嘆文を元の形に戻すと Theirs must be a strange world. となるので，S=C の関係から，「theirs = their world」であることがわかる。また，their は，前文の複数名詞 these fish を指しており，these fish は，**第1段落**第4文の魚 the brightly colored carp を指している。よって，**4** が正解となる。

(C) 驚くべき
  1 有名な 　　**2** 複雑な 　　**③** 驚くべき 　　**4** 誤った

(E) it
  ① 旅行の話 　　　　　　　　　**2** 鯉の世界
  3 奇妙な生き物 　　　　　　　**4** 以前には一度も見たことのないもの

　　▶代名詞は基本的に前の文に出た名詞を受ける。接続詞 so ... that S V で2文がつなげられているので，前の文は this story of a journey beyond the universe would be so fantastic である。下線部を含む文は「鯉の多くはそれを信じないだろう」となるので，**1** を受けているとわかる。

(F) 〜から成る
  1 〜を行う 　　　　　　　**2** 〜を否定する
  3 〜を称賛する 　　　　　**④** 〜を含む

(2)　　比喩とは物事を説明するとき，類似したものに例える表現方法である。**第3段落**第1文の前置詞 like 〜（〜のような）がヒント。ここでは「鯉＝人間」「池＝自分たちの世界［宇宙］」のように比喩表現が使われている。よって，**1** が正解とわかる。前置詞の like は，比喩を表す語としてよく用いられるので覚えておくこと。

（3） 　下線部の it はすべて，前文の The carp を受けている。まず「, and」が It would say that S V の that 節を 2 つ並べていることに注意する。最初の that 節の動詞は had traveled なので，**filled は分詞**であることがわかる。また，objects と it had never seen before の間には，**目的格の関係代名詞が省略**されている。2 つ目の that 節の動詞は had been captured。who は a strange creature を先行詞とする**主格の関係代名詞**。ここでの a strange creature は「人間」のことなので，who を使っている。

（4） 　「This incident（ 1 = from my childhood）（greatly enriched）（my understanding of）the world and（ 2 = taught me）to think creatively.」が完成文となり，（ 1 ）は **2**，（ 2 ）は **1** が正解。下線部**直前**の This incident とは，**第 1 段落**第 1 文「One incident from my childhood」から，This incident from my childhood だとわかる。また，下線部**直後**の to think につながる形を選択肢から考えると，teach ～ to V（V することを～に教える）が当てはまる。あとは文型と意味に注意しながら並べればよい。

Lesson
06

（5） **1**　科学者は，子供の頃，多くの時間を外で過ごさなければならない。
　　　→本文に，このような記述はない。

　　 2　科学者は，自分たちの子供時代を覚えていなければならない。
　　　→本文に，このような記述はない。

　　 ③　科学的発見は，愚かな質問から始まるかもしれない。
　　　→**第 1 段落**第 5 文に「私は，子供でなければしないような愚かな質問をした」とあり，そのことが科学者である著者の経歴に深く影響したことから，本文に一致すると言える。

　　 4　科学者は，人間以外の生き物とコミュニケーションを取る能力がある。
　　　→本文に，このような記述はない。鯉の話は著者の想像。

　　 5　科学的思考は，見たり触れたりできるもののみに基づいている。
　　　→**第 3 段落**第 3 文で「自分たちの世界は，自ら見たり触ったりできるものだけから成っている，と私たちは考える」とあるが，あとの But 以降から「見たり触れたりできるもの**のみ**」では**ない**ことがわかる。

（6）　**1**　日本茶園の散歩　　　　　　**2**　養魚池の自然史
　　　③　他の世界を想像すること　　　**4**　鯉釣りのこつ
　　　5　人間と魚のコミュニケーション

▶**第1段落**第1文に「子供の頃の**ある出来事**が〜」とあり，それ以降の文で，「**ある出来事**」の内容が述べられている。また，**第3段落**第1文「**人間は**その池で泳いでいる**鯉のようなものだ**」，第2〜3文「私たちは自分の『**池**』の中で人生を全うする。自分たちの**世界**は〜」から，「**鯉＝人間**」「**池＝自分たちの世界〔宇宙〕**」と表現していることがわかる。つまり，本文で述べられていたことは「鯉と同様に，人間も自分たちの世界以外のことは想像できないが，子供の頃の出来事が私に**他の世界を想像できるようにしてくれた**」ということになる。

Lesson

06

	正　解		
（1）(各4点)	(A)　**1**	(B)　**4**	(C)　**3**
	(E)　**1**	(F)　**4**	
（2）(5点)	**1**		
（3）(10点)	その鯉は，今までに見たことのないものに満ちた不思議な世界へ旅をして，魚とは全く似ていない不思議な生き物につかまった，と言うだろう。		
（4）(5点[完答])	（1）**2**	（2）**1**	
（5）(5点)	**3**	**（6）**(5点)　**3**	

得点	（1回目）	（2回目）	（3回目）	CHECK YOUR LEVEL	0〜30点 ➡ *Work harder!* 31〜40点 ➡ *OK!* 41〜50点 ➡ *Way to go!*
	／50点				

[ ]＝名詞　□＝修飾される名詞　< >＝形容詞・同格　( )＝副詞
S＝主語　V＝動詞　O＝目的語　C＝補語　'＝従節

❶ One incident <from my childhood> (deeply) influenced my career <as a scientist, a theoretical physicist <who studies other galaxies>>. (When I was young), my parents would take me (to visit the famous Japanese Tea Garden <in San Francisco>). One of my happiest childhood memories is of [sitting (next to the pond)]. I was fascinated (by the (brightly) colored carp <swimming (beneath the surface <of the water>)>). I asked silly questions <that only a child might ask>. I wondered [how these fish viewed the world <around them>]. What a strange world theirs must be!

❷ (Once) I imagined [what would happen (if I took one of the carp (out of the pond))]. I wondered [what the other carp would think (about this)]. (Wherever they looked), there would be no evidence <of the missing carp> (in their pond). (Then), (a moment later), (when I threw it (back) (into the pond)), the carp would (suddenly) reappear (out of nowhere). (To the other carp), it would appear [that a miracle had happened]. The carp <that I removed (from the pond)> would tell an amazing story. It would say [that it had traveled to a mysterious world <filled (with objects <it had (never) seen (before)>)>], and [that it had been captured (by a strange creature <who did not look (like a fish (at all))>)]. (Of course), this story <of a journey <beyond the universe>> would be (so) fantastic (that most of the carp would not believe it).

────── 構文解説 ──────

■文全体は，It would say [that A and that B].「それはAとB（だということ）を言うだろう」という構造。3つのit は前の文のThe carp ～ pond を指す。filled ～ before は前のa mysterious world を修飾する過去分詞句。it ～ before は前の objects を修飾する関係詞節（it の前に that [which] が省略されている）。who ～ all は前の a strange creature を修飾する関係詞節。

【和訳】

❶ 子供の頃のある出来事が，科学者であり他の銀河を研究する理論物理学者である私の経歴に深く影響した。子供の頃，両親は私を連れてサンフランシスコの有名な日本茶園を訪ねたものだった。私の子供の頃の最も幸福な思い出の１つは，池のそばに座っている記憶である。水面下を泳ぐ鮮やかな色の鯉に私は魅了された。私は，子供でなければしないような愚かな質問をした。これらの魚には，周りの世界がどのように見えているのだろうかと思った。その世界は何とも不思議な世界にちがいない！

❷ 私は一度，鯉の中の１匹を池から取り出したらどうなるだろうかと想像した。他の鯉はそれをどう思うだろうか，と私は思った。どこを見ても，池の中には行方不明の鯉の痕跡はないだろう。それから，少し経ってからその鯉を池に投げ入れて戻してやれば，その鯉は突然どこからともなく再び現れるだろう。他の鯉には奇跡が起きたように思われるだろう。私が池から取り出した鯉は，驚くような話をするだろう。その鯉は，今までに見たことのないものに満ちた不思議な世界へ旅をして，魚とは全く似ていない不思議な生き物につかまった，と言うだろう。もちろん，世界の向こう側へのこの旅行の話はあまりに空想的なので，鯉の多くはそれを信じないだろう。

重要語句リスト

❶

incident	名	出来事
childhood	名	子供時代
deeply	副	深く，非常に
influence	動	～に影響する
career	名	経歴
theoretical physicist		理論物理学者
would V	助	以前はVしたものだ
Tea Garden	名	茶園
memory	名	思い出，記憶
next to ～	熟	～の隣に
pond	名	池
fascinate	動	～を魅了する
brightly	副	鮮やかに，明るく
colored	形	色のついた
carp	名	鯉
		→複数形も carp
beneath	前	～の下に
surface	名	表面
silly	形	愚かな，ばかな
ask a question	熟	質問をする
wonder	動	不思議に思う
view	動	～を見る

❷

once	副	一度，かつて
imagine	動	～を想像する
take A out of B	熟	AをBから取り出す
other	形	他の
wherever S V	熟	どこで［に］Sが VしようとV
evidence	名	証拠
missing	形	行方不明の
a moment later	熟	少し［一瞬］後に
throw A back into B	熟	AをBに投げ入れて戻す
suddenly	副	突然
reappear	動	再び現れる
out of nowhere	熟	どこからともなく
it appears that S V	熟	SがVするように思われる
miracle	名	奇跡
remove A from B	熟	AをBから取り去る
amazing	形	驚くべき
mysterious	形	不思議な
(be) filled with ～	熟	～で満ちている
object	名	もの，物体
capture	動	～を捕らえる
creature	名	生き物
look like ～	熟	～に似ている， ～のように見える
not ..... at all	熟	全く ..... ない
journey	名	旅
beyond	前	～を越えて
universe	名	世界，宇宙
fantastic	形	空想的な
most of the ～	熟	～の大部分

Lesson
06

❸ I (often) think [that people are (like ⌐the carp¬) <swimming (in that pond)>].
　　S　　　　V　　　O　　　　S'⎯⎯⎯⎯ V'⎯
We live out our lives (in our own "pond.") We think [that our universe consists
S　V　　　O　　　　　　　　　　　　　　　S　V　　O　　S'⎯⎯⎯⎯⎯⎯⎯ V'⎯
of (only) ⌐those things¬ <we can see or touch>]. We refuse [to admit [that
　　　O'⎯⎯⎯⎯　　　　　　　S'⎯ V'⎯⎯⎯⎯　　S　V　　O
other universes or different worlds can exist (next to ours), (just beyond our
S'⎯⎯⎯⎯⎯⎯⎯⎯⎯⎯⎯⎯⎯⎯⎯⎯⎯　V'⎯
grasp)]]. But ❷(ever since I visited ⌐the carp¬ <in the Japanese Tea Garden>),　25
　　　　　　　　　　S' V'⎯　　　O'
I have been fascinated (by ⌐the possibility¬ <of ⌐the existence¬ <of ⌐other
S　V
worlds¬ <that we cannot see>>>). ⌐This incident¬ <from my childhood>
　　　　　S'⎯ V'⎯⎯⎯⎯　　　　　S
(greatly) enriched ⌐my understanding¬ <of the world> and taught me [to think
　　　　　V①　　　　O①　　　　　　　　　　　　　　V②　　O② C②
(creatively)].

⎯⎯⎯

❷ S は I，V は have been fascinated。その前に副詞節（ever ～ Garden）が置かれている。
the possibility of the existence of X は「X の存在の可能性」。X は other worlds に that 以
下の関係詞節が続いている。

❸ 人間はその池で泳いでいる鯉のようなものだ、と私はよく思う。私たちは自分の「池」の中で人生を全うする。自分たちの世界は，自ら見たり触ったりできるものだけから成っている，と私たちは考える。他の宇宙や違った世界が，手は届かないけれど自分たちの隣に存在している可能性を，私たちは認めようとしない。しかし，日本茶園の鯉を訪れて以来ずっと私は，私たちには見えない他の世界の存在の可能性に魅了されてきた。この子供時代の出来事が，世界に対する私の理解を非常に豊かにし，創造的な思考を私に教えてくれたのである。

❸

- [ ] like 〜　㊗ 〜のような
- [ ] live out 〜　㊗ 〜（決まった時期）を過ごす
- [ ] consist of 〜　㊗ 〜から成る
- [ ] touch　㊐ 〜に触れる
- [ ] refuse to V　㊗ V することを拒む
- [ ] admit that S V　㊗ S が V すると認める
- [ ] exist　㊐ 存在する
- [ ] beyond one's grasp　㊗ 〜の手の届かないところに
- [ ] ever since S V　㊗ S が V して以来ずっと
- [ ] possibility　㊑ 可能性
- [ ] existence　㊑ 存在
- [ ] enrich　㊐ 〜を豊かにする
- [ ] understanding　㊑ 理解
- [ ] teach 〜 to V　㊗ V することを〜に教える
- [ ] creatively　㊙ 創造的に

Lesson
06

Lesson 07
問題文
LEVEL-5

単語数▶ 372 words
制限時間▶ 25 分
目標得点▶ 40 / 50点

DATE

■次の英文を読み，あとの設問に答えなさい。

The question of how much salt there is in the sea leads us to a very interesting and paradoxical fact. The present salt concentration in the world's oceans is just about right for marine plants and animals to live in. (A)Any significant increase would be disastrous. Fish (and other sea life) have a tough job as it is in preventing that salt from accumulating* in their tissues* and poisoning them; if there were much more salt in the sea than there is, (　1　) would be impossible and they would die.

Yet, by all normal scientific logic, the seas should be a lot saltier than they are. It is known that the rivers of the Earth are continually dissolving salts out of the soil they run through and carrying more and more of those salts into the seas. The water itself which the rivers add each year doesn't stay in the ocean. That pure water is taken out by evaporation* by the heat of the Sun to make clouds and ultimately to fall again as rain; while the salts those waters contained have (　2　) to go and must stay behind.

We know from everyday experience what happens in that case. If we leave a bucket of salt water exposed in the summer, it will get more and more (　3　) as the water evaporates. Astonishingly, that does not happen in the oceans. (B)Their salt content is known to have remained at just the same level for all of geological time. So it is apparent that *something* is acting to remove excess salt from the ocean.

There is one known （　4　） that might account for it.　(C)Now and then, bays and shallow arms of the ocean* are cut off.　The Sun evaporates their water and they dry out to form salt beds — which

25　ultimately are covered over by dust, clay and finally impenetrable rock, so that when the sea ultimately returns to reclaim* that area, that layer of salt is sealed in and is not redissolved. （When, later on, people dig them up for their own needs we call them salt mines.*）　In that way, after thousands upon thousands of years, the oceans get rid of （　5　） and

30　keep their salt content (D)level.

* 　accumulate（集まる，蓄積する）　　tissue（〔動植物の細胞の〕組織）
　evaporation（蒸発，気化）　　arms of the ocean（入り江，河口）
　reclaim（〜の返還を要求する）
　salt mine（岩塩の鉱床，岩塩採掘坑）

設問

（1） 次の英文が下線部(A)の説明となるように，（　　　）に当てはまる最も適切なものを，次の選択肢の中から 1 つ選びなさい。

Any significant increase in（　　　）would be disastrous.

1 marine plants and animals　　**2** fish

3 salt in the sea　　**4** paradoxical facts

（2） （　1　）に当てはまる最も適切なものを，次の選択肢の中から 1 つ選びなさい。

1 the job　　**2** the increase

3 the accumulation　　**4** the poisoning

（3） （　2　）に当てはまる最も適切なものを，次の選択肢の中から 1 つ選びなさい。

1 nowhere　　**2** only　　**3** everywhere　　**4** simply

（4） （　3　）に当てはまる最も適切なものを，次の選択肢の中から 1 つ選びなさい。

1 heated　　**2** salty　　**3** clear　　**4** cloudy

（5） 次の英文が下線部(B)の説明となるように，（　a　），（　b　）に当てはまる最も適切なものを，次の選択肢の中からそれぞれ 1 つ選びなさい。

The（　a　）of salt which the（　b　）contain

1 marine organisms　　**2** variety　　**3** oceans

4 quality　　**5** fish　　**6** amount

（6） （　4　）に当てはまる最も適切なものを，次の選択肢の中から 1 つ選びなさい。

1 problem　　**2** prospect　　**3** property　　**4** process

（7）　次の英文が下線部(C)の説明となるように，（　c　），（　d　）に当ては
　　　まる最も適切なものを，次の選択肢の中からそれぞれ1つ選びなさい。

Now and then, bays and shallow arms of the ocean are cut off
（　c　）（　d　）.

1　by　　　　　　　　**2**　from　　　　　　　**3**　away
4　inland areas　　　**5**　the open sea　　　**6**　woodlands

（8）　（　5　）に当てはまる最も適切なものを，次の選択肢の中から1つ選び
　　　なさい。

1　the excess　　**2**　salt beds　　**3**　salt mines　　**4**　dust and clay

（9）　下線部(D)の意味として最も適切なものを，次の選択肢の中から1つ選び
　　　なさい。

1　smooth　　　**2**　flat　　　**3**　horizontal　　　**4**　constant

（10）　本文に使用されている次の単語のうち，第1アクセント（最も強いアクセ
　　　 ント）が第1音節にくるものを，次の選択肢の中から1つ選びなさい。

1　ma-rine　　　　　　　　　　**2**　sig-nif-i-cant
3　con-tin-u-al-ly　　　　　　**4**　ul-ti-mate-ly

解　答　用　紙					
（1）		（2）		（3）	
（4）		（5）	（a）		（b）
（6）		（7）	（c）		（d）
（8）		（9）		（10）	

解答・解説

（1）　（　　　　）における著しい増加が多少でもあれば破滅を招くだろう。

1　海洋植物や海洋動物　　　　　　**2**　魚

③　海の塩分　　　　　　　　　　　**4**　逆説的な事実

▶**第1段落**第1文「海にはどのくらいの量の塩があるのか」から，**海の中の塩の量**に関する話が展開されると考えられる。そのことを念頭に置き，下線部の前後の文脈から考えれば，**3** が適切だと判断できる。

（2）　**①**　働き　　　　**2**　増加　　　　**3**　蓄積物　　　　**4**　中毒

▶「もしも現在よりもはるかに多くの塩分が海にあったなら，（ 1 ）は不可能となり，それらは死んでしまうだろう」が直訳。前文の「魚（及びその他の海洋生物）は，～実際，**大変な働きをしている [have a tough job]**」がヒント。「**実際，大変な働き**」なのだから，今よりも多くの塩分があれば，その働きは不可能となり，死んでしまうと考えられる。

（3）　**①**　どこにも ..... ない　　　　　　**2**　ただ ..... だけ

3　いたるところで　　　　　　　　**4**　簡単に

▶ ....., while S V（....., **一方でSはVする**）がヒント。while の前の文には「水分だけが蒸発→雲を作る→雨として再び降り注ぐ」という**水分の動き**が書かれているので，while の後はそれとは対照的な「**動けない＝行く場所がない**」という内容になると考えられる。

（4）　**1**　熱くなった　　**②**　塩からい　　**3**　汚れのない　　**4**　不透明な

▶「水分が蒸発するにつれてますます（ 3 ）だろう」が直訳。主語 it は，前の salt water を受けている。**第2段落**最終文の「水分が蒸発し，塩分は行き場がなく，（海に）取り残される」という内容を手がかりにすると，水分が蒸発するにつれて，**塩水**はますます**塩分濃度が濃くなる**と考えられる。

（5）　（　b　）が含んでいる塩の（　a　）

1　海洋生物　　**2**　多様性　　　　**3**　海洋

4　質　　　　　**5**　魚　　　　　　**6**　総量

▶下線部(B)の代名詞 Their は，直前の複数名詞 the oceans を受けているので，下線部訳は「海洋の塩分含有量」。これを，関係代名詞を使った表現に直し，「**海洋が含んでいる塩の量**」とすればよい。

（6）　**1** 問題　　　**2** 可能性　　　**3** 財産　　　**④** 過程

　　▶「その説明となるかもしれない1つの（ **4** ）が知られている」が直訳。続く**第4段落**第2文以降で，塩分含有量はどのような**過程**で一定に保たれているのかが述べられていることから，**4** が正解と判断できる。

（7）　時おり，湾や浅い入り江が（　c　）（　d　）遮断されることがある。

　　1 ～によって　**2** ～から　　**3** 離れて

　　4 内陸部　　　**5** 外海　　　**6** 森林地帯

　　▶「湾や浅い入り江」が，何から遮断されるのかを考えればよい。ここでの話題は，**第3段落**最終文で述べられている「**海から**余分な塩分を取り除くのに作用している『**何か**』」である。したがって，「**海から**」遮断されると判断できる。

Lesson
07

（8）　**①** 余分なもの　　**2** 塩の層　　　**3** 岩塩坑　　　**4** ちりと粘土

　　▶「そのようにして何千何万という年月を経て，海は（ **5** ）を取り除き，塩分含有量を一定に保つのである」が直訳。ここで話題となっているのは，**第3段落**最終文で述べられている「海から**余分な塩分**を取り除くのに作用している『何か』」である。したがって，「**余分な塩分**」を取り除くと判断できる。

（9）　**1** なめらかな　　**2** 平らな　　　**3** 水平線の　　　**④** 一定の

　　▶下線部は keep O C（O を C のままに保つ）の C で形容詞。ここでの level は「一様な，変化のない」という意味で使われている形容詞であることに注意する。

（10）　**1** ma-ríne（海の）　　　　　　**2** sig-níf-i-cant（重要な）

　　3 con-tín-u-al-ly（絶えず）　**④** úl-ti-mate-ly（最終的に）

　　▶ **4** のみ第1音節に，**1**〜**3**は第2音節に第1アクセントがくる。

		正　解			
（1）(5点)	3	**（2）**(5点)	1	**（3）**(5点)	1
（4）(5点)	2	**（5）**(6点[完答])	（ a ）6　（ b ）3		
（6）(5点)	4	**（7）**(6点[完答])	（ c ）2　（ d ）5		
（8）(5点)	1	**（9）**(5点)	4	**（10）**(3点)	4

得点	（1回目） ／50点	（2回目）	（3回目）	CHECK YOUR LEVEL	0〜30点 ➡ *Work harder!* 31〜40点 ➡ *OK!* 41〜50点 ➡ *Way to go!*

[ ]=名詞 　□=修飾される名詞 　< >=形容詞・同格 　( )=副詞
S=主語 　V=動詞 　O=目的語 　C=補語 　'=従節

❶ [The question] <of [how much salt there is (in the sea)]> leads us (to a very interesting and paradoxical fact). [The present salt concentration] <in the world's oceans> is (just about) right (for marine plants and animals) (to live in). Any significant increase would be disastrous. Fish (and other sea life) have a tough job (as it is) (in preventing that salt from [accumulating in their tissues] and [poisoning them]); (if there were much more salt (in the sea) (than there is)), the job would be impossible and they would die.

❷ (Yet), (by all normal scientific logic), the seas should be (a lot) saltier (than they are). It is known [that [the rivers] <of the Earth> are (continually) dissolving salts (out of [the soil] <they run through>) and carrying [more and more] <of those salts> (into the seas)]. [The water] <itself> <which the rivers add (each year)> doesn't stay (in the ocean). That pure water is taken out (by [evaporation] <by [the heat] <of the Sun>>) (to make clouds) and (ultimately) (to fall (again) (as rain)); (while [the salts] <those waters contained> have nowhere <to go> and must stay (behind)).

─── 構文解説 ───

❶ have a tough job in ～ing は「～の点で大変な仕事をしている」の意味。in の前に as it is（実際に）が加えられている。prevent O from ～ing は「O が～するのを防ぐ」。

❷ It is known that ～「～ということが知られている」の that 節中は，S' are A [continually dissolving ～] and B [carrying ～] の形。they run through は前の the soil を修飾する関係詞節（they の前に that [which] が省略されている）。

【和訳】

❶ 海にはどのくらいの量の塩があるのかという問いは，我々を非常に興味深く奇妙な事実へと導いてくれる。世界の海洋における現在の塩分濃度は，海洋植物や海洋動物が住むのにちょうど適している。著しい増加が多少でもあれば破滅を招くだろう。魚（およびその他の海洋生物）は，海の塩分が体内の細胞組織に蓄積し中毒死するのを防ぐために実際，大変な働きをしているのであり，もしも現在よりもはるかに多くの塩分が海にあったなら，その働きは不可能となり，それらは死んでしまうだろう。

❷ しかし，ごく標準的な科学の論理によれば，海の塩分は実際よりもはるかに多くなければならないはずである。地球の河川は絶え間なく通り道の土壌から塩分を溶かし出し，それらの塩分をどんどん海へ運び込むことが知られている。河川が毎年海に加える水自体，海にとどまるわけではない。混じり気のない水分だけが太陽熱による蒸発によって取り出され，雲を作り，最終的には雨として再び降り注ぐ。一方そうした水が含む塩分はどこにも行き場がなく，（海に）取り残されねばならない。

重要語句リスト

❶

☐ salt	㊂	塩，塩分
☐ lead A to B	㊍	A を B へ導く
☐ paradoxical	㊒	奇妙な，逆説的な
☐ fact	㊂	事実
☐ present	㊒	現在の
☐ concentration	㊂	濃度，集中
☐ ocean	㊂	海，大洋
☐ just about	㊍	まさに .....
☐ marine	㊒	海の
☐ plant	㊂	植物
☐ significant	㊒	顕著な，重要な
☐ increase	㊂	増加
☐ disastrous	㊒	破滅的な
☐ sea life	㊂	海洋生物
☐ tough	㊒	困難な
☐ job	㊂	仕事
☐ as it is	㊍	実際は
☐ prevent ~ from Ving		
	㊍	～が V するのを防ぐ
☐ poison	㊔	～を毒殺する
☐ impossible	㊒	不可能な

❷

☐ normal	㊒	標準の，正常な
☐ scientific	㊒	科学の，科学的な
☐ logic	㊂	論理
☐ saltier	㊒	塩からい
		salty-saltier-saltiest
☐ (the) Earth	㊂	地球
☐ continually	㊐	絶えず
☐ dissolve A out of B	㊍	B から A を溶かし出す
☐ soil	㊂	土壌
☐ run through ~	㊍	～を貫流する
☐ carry A into B	㊍	A を B の中へ運び込む
☐ add	㊔	～を加える，～をつけ加える
☐ stay	㊔	とどまる
☐ pure	㊒	混じり気のない，純粋な
☐ take out ~	㊍	～を取り出す
☐ heat	㊂	熱
☐ cloud	㊂	雲
☐ ultimately	㊐	最終的に
☐ ....., while S V	㊖	.....，一方で S は V する
☐ contain	㊔	～を含む
☐ nowhere	㊐	どこにも ..... ない
☐ stay behind	㊍	あとに残る

Lesson
07

❸ We know (from everyday experience) [what happens (in that case)]. (If we
leave a bucket <of salt water> exposed (in the summer)), it will get more and
more salty (as the water evaporates). (Astonishingly), that does not happen
(in the oceans). Their salt content is known (to have remained (at (just) the
same level) (for all of geological time)). (So) it is apparent [that *something* is
acting (to remove excess salt (from the ocean))].

❹ There is one known process <that might account for it>. (Now and then),
bays and shallow arms <of the ocean> are cut off. The Sun evaporates their
water and they dry out (to form salt beds — <which (ultimately) are covered
over (by dust, clay and (finally) impenetrable rock)>), (so that (when the sea
(ultimately) returns (to reclaim that area)), that layer <of salt> is sealed in
and is not redissolved). ((When, (later on), people dig them up (for their own
needs)) we call them salt mines.) (In that way), (after thousands upon
thousands of years), the oceans get rid of the excess and keep their salt content
level.

20

25

30

---

❸ leave 〜 exposed は VOC の形で，「〜を(風雨に)さらされた状態のままに(放置)してお
く」の意味。get は become(〜になる)の意味。as は「〜するにつれて」の意味の接続詞。

❹ which 以下は先行詞の salt beds に補足説明を加えている。カンマの後ろに置かれた so that
〜は「その結果〜」。この節中は when A, B (A のとき B) の形になっている。when 〜 area
の直訳は「海がその地域を埋め立てるために戻って来るとき」で，いったん干上がった海域
が再び水没するような状況が想定されている。

94

❸ 我々は日常の経験から，そのような場合に何が起きるかを知っている。塩水の入ったバケツを夏に外に出したままにしておけば，水分が蒸発するにつれてますます塩分濃度は高まるだろう。驚くべきことに，海ではそのようなことは起こらない。海の塩分含有量は，すべての地質年代を通じて全く同じ水準であったことが知られている。したがって，海から余分な塩分を取り除くのに「何か」が作用していることは明らかである。

❹ その説明となるかもしれない１つの過程が知られている。時おり，湾や浅い入り江が（海から）遮断されることがある。太陽によって水分が蒸発すると，それらは干上がって塩の層を作る。それが最終的にちりや粘土や，最後には通り抜けられない岩で覆われ，その結果，海が最終的にその場所に戻ってきて元に戻そうとしても，塩の層は封印されており再び溶け出すことはない。（あとになって人間が自らの必要性のためにそこを掘り返すとき，我々はそれを岩塩採掘坑と呼ぶ）そのようにして何千何万という年月を経て，海は余分なものを取り除き，塩分含有量を一定に保つのである。

❸
everyday	毎日の
experience	経験
happen	起こる
in that case	その場合に
leave O C	OをCのままにしておく
bucket	バケツ
exposed	野ざらしの
get C	Cになる
more and more ...	ますます…
as S V	SがVするにつれて
evaporate	蒸発する，〜を蒸発させる
astonishingly	驚くべきことには
content	含有量
be known to have Vpp	Vしたことが知られている
same	同じ
level	水準；一様な，同等の
geological time	地質年代
it is apparent that S V	SがVすることは明らかである
act	作用する
remove	〜を取り除く
excess	余分の；余分なもの

❹
process	過程
account for 〜	〜を説明する
now and then	時々
bay	湾
cut off 〜	〜を遮断する
dry out	干上がる
form	〜を形成する
bed	層
cover over 〜	〜をすっかり覆う
dust	ちり，ほこり
clay	粘土
finally	最後に，ついに
impenetrable	通り抜けられない
rock	岩
....., so that S V	.....，その結果SはVする
area	地域
layer	層
seal in 〜	〜を閉じ込める
redissolve	〜を再び溶かす
later on	後になって
dig 〜 up	〜を掘り返す
own	自分自身の
need	必要性
call O C	OをCと呼ぶ
in that way	そのようにして
thousands upon thousands of 〜	何千何万もの〜
get rid of 〜	〜を取り除く
keep O C	OをCのままに保つ

LEVEL-5

Lesson 08
問題文 08

単 語 数 ▶ **373** words
制限時間 ▶ **20** 分
目標得点 ▶ **40** ／50点

DATE

■次の英文を読み，あとの設問に答えなさい。

An analysis by accounting firm PwC found Artificial Intelligence (AI) would boost economic growth, creating new roles as others fell away. But it warned there would be "winners and losers" by industry sector, with many jobs likely to change.

Opinion is split over AI's potential impact, with some warning it could leave many out of work in the future. The pessimists argue AI is different from previous forms of technological change, because robots and computer programs will be able to do intellectual as well as routine physical tasks.

However, John Hawksworth, chief economist at PwC, said: "Major new technologies, from steam engines to computers, displace some existing jobs but also generate large productivity gains. This reduces prices and increases real income and spending levels, which in turn creates demand for additional workers. Our analysis suggests the same will be true of AI, robots, and related technologies, but the distribution of jobs across sectors will shift considerably in the process."

PwC said about seven million existing jobs could be displaced by AI between 2017 and 2037, but about 7.2 million could be created, giving the U.K. a small net jobs boost of around 200,000.

Some sectors would benefit more than others, however, with jobs in health increasing by 22%, scientific and technical services by 16% and education by 6%. By contrast, manufacturing jobs could fall by 25%, transport and storage by 22% and public administration by 18%, PwC said. "As our analysis shows, there will be winners and losers," said Euan Cameron, PwC's AI lead in the U.K. "It's likely that the fourth industrial revolution will favor those with strong digital skills, as well as capabilities like creativity and teamwork which machines find it harder to copy."

A growing body of research claims the impact of AI automation will be less damaging than previously thought. In 2018, the OECD* criticized an influential 2013 forecast by Oxford University that found about 47% of jobs in the U.S. in 2010 and 35% in the U.K. were at "high risk" of being automated over the following 20 years. The OECD instead put the U.S. figure at about 10% and the U.K.'s at 12% — although it did suggest many more workers would see their tasks changing significantly.

(adapted from the website of the BBC)

Lesson
08

* OECD (経済協力開発機構)

設問

(1) What is the main opinion in the second paragraph?

1 AI is completely different from robots and computer programs.

2 AI could take many people's jobs in the future.

3 Even the pessimists do not imagine AI could do intellectual tasks.

4 AI can only do physical tasks because it lacks intelligence.

(2) Which of the following statements is correct?

1 Although the pessimists believe that AI will create jobs unevenly among sectors, Hawksworth predicts that AI will distribute jobs equally among all sectors.

2 Both the pessimists and Hawksworth believe that AI will generate exactly the same productivity gains as those caused by the steam engine.

3 While the pessimists believe that AI will bring about different results from previous technological changes, Hawksworth estimates that AI will generate similar results as previous technological changes.

4 While the pessimists believe that AI will reduce real income for workers, Hawksworth thinks that new technologies such as computers and AI may increase both prices and real income.

(3) Which of the following statements is made by PwC about AI in the U.K.?

1 AI could benefit the economy.

2 AI will likely displace 7 million jobs and cause economic disaster.

3 AI will likely lead to a net loss of only 200,000 jobs.

4 AI could have no effect on the economy between 2017 and 2037.

(4)　What does the OECD argue?

1 AI will be less damaging than previously thought, just as a 2013 forecast by Oxford University showed.

2 AI will have a more negative impact on the economy than a 2013 forecast by Oxford University.

3 AI will displace about 47% of jobs in the U.S. in the following 20 years.

4 AI will have a less negative impact on the availability of jobs than previously thought.

(5)　Which of the following statements is correct?

1 The OECD criticized the statement that AI would only cause the education sector to increase by 6%, while others would fall into decline.

2 The OECD denied that AI would cause jobs to decline in some sectors, though it would require many workers to do the same tasks.

3 PwC insisted that AI would lead to the decline of the manufacturing sector by 25%, and would also cause the number of jobs in health care to fall by 22%.

4 PwC estimated that AI would cause some sectors to experience growth, though many workers would need to change what they do for work.

解　答　用　紙					
(1)		(2)		(3)	
(4)		(5)			

解答・解説

（1） 第2段落の主要な意見は何か？

1 人工知能はロボットやコンピュータープログラムとは完全に異なったものである。

② 人工知能は将来的に多くの人々の仕事を奪う可能性がある。

3 悲観論者でさえ，人工知能が知的な仕事をできうるとは推測していない。

4 人工知能は知能に欠けるため，肉体労働しかできない。

▶**第2段落**では，人工知能による影響，特に失業について書かれている。よって段落の内容をうまくまとめた**2**が正解。それ以外の選択肢は第2段落に書かれていない，もしくは第2段落の記述に矛盾する。

（2） 次の記述のうち，正しいものはどれか？

1 悲観論者は，人工知能が分野間で不平等に仕事を創出すると考えているが，ホークスワース氏は人工知能がすべての分野間で平等に仕事を分配すると予想している。

2 悲観論者とホークスワース氏の両方が，人工知能は蒸気機関によって引き起こされたのと完全に同じだけの生産性の増加を生み出すと考えている。

③ 悲観論者は，人工知能が以前の科学技術の変化とは異なる結果をもたらすと考える一方で，ホークスワース氏は人工知能が以前の科学技術の変化と同様の結果を生み出すと見積っている。

4 悲観論者は，人工知能が労働者の実質所得を減少させると考える一方で，ホークスワース氏はコンピューターや人工知能のような新しい科学技術が物価と実質所得の両方を増加させると考えている。

▶悲観論者の意見は**第2段落**第2文に，ホークスワース氏の意見は**第3段落**に書かれている。これら両方の内容に一致する**3**が正解。

（3） イギリスでの人工知能について PwC が発表したことは次のうちどれか？

① 人工知能は経済に利益をもたらしうる。

2 人工知能は700万の仕事に取って代わり，経済的大惨事を引き起こしうる。

3 人工知能による仕事の損失は恐らく正味でたった20万にしかつながりえない。

4 人工知能は2017年から2037年の間には，経済に影響をもたらしえない。

▶イギリスにおける人工知能についての PwC の発表は，**第4段落**に書かれている。「人工知能によって取って代わられる仕事よりも，創出される仕事の方が多くなりうる」という内容から，「経済に利益をもたらしうる」と言えるため，**1**が正解。

英文法レベル別問題集 ③訂版

＼スモールステップで文法力を強化！／

 特別付録

復習までこれ1冊で！

復習用動画付き

▶本書の全Lessonの問題文（英文）と和訳を、字幕付きで視聴できる動画です。本書の問題演習を終えたら、この動画を使って復習しましょう。動画の音声を繰り返し聴いたり、音声に合わせて音読したりすることで、リスニング力が高まります!!

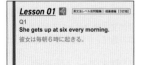

Lesson 01 英文法レベル別問題集① 超基礎編【3訂版】

Q1
She gets up at six every morning.
彼女は毎朝6時に起きる。

▲実際の画面

【著】安河内哲也
【定価】①〜④：900円＋税／⑤〜⑥：1,000円＋税
【体裁】A5判／160〜216頁／3色刷

「① 超基礎編」
Lesson01の動画は
こちらから試聴できます！

（4） 経済協力開発機構は何を主張しているか？

1 オックスフォード大学による 2013 年の予測がちょうど示したように，人工知能は以前に考えられていたほど悪影響を及ぼさない。

2 オックスフォード大学による 2013 年の予測よりも，人工知能による経済への悪い影響は大きい。

3 今後 20 年の間に，アメリカでは人工知能が 47％の仕事に取って代わる。

④ 人工知能による雇用の機会への悪い影響は，以前に考えられていたよりも小さくなる。

▶経済協力開発機構の主張は**第 6 段落**に書かれており，**第 6 段落**第 1 文に一致する **4** が正解。**1**～**3** の選択肢の内容は，本文中の記述に矛盾する。**3** の予想は経済協力開発機構ではなく，オックスフォード大学によるもので，経済協力開発機構はこれを訂正している。

（5） 次の記述のうち，正しいものはどれか？

1 人工知能は他の分野を衰退させる一方で，教育分野のみに 6％の増加をもたらすという声明を経済協力開発機構は批判した。
　　→経済協力開発機構が批判をしたのは，分野ごとの職の増減についてではない。

2 人工知能は，多くの労働者が同じ仕事をすることを要求するにもかかわらず，経済協力開発機構は人工知能がいくつかの分野において仕事を減少せうることはないと否定した。
　　→このような記述はない。

3 人工知能は，製造分野の 25％の減少を引き起こし，また医療分野での仕事の数を 22％減少させると PwC は主張した。
　　→**第 5 段落**第 1 文「医療の職は 22％～増加する」という記述に矛盾する。

④ 多くの労働者が今の仕事を変える必要がある一方で，人工知能はいくつかの分野に成長をもたらすと PwC は見積もった。
　　→**第 1 段落**の内容に一致する。

正　解					
（1）(10点)	2	**（2）**(10点)	3	**（3）**(10点)	1
（4）(10点)	4	**（5）**(10点)	4		

得点	（1回目）　　／50点	（2回目）	（3回目）	CHECK YOUR LEVEL	0～30点 ➡ *Work harder!* 31～40点 ➡ *OK!* 41～50点 ➡ *Way to go!*

Lesson 08
構造確認

[ ]＝名詞　☐＝修飾される名詞　< >＝形容詞・同格　( )＝副詞
S＝主語　V＝動詞　O＝目的語　C＝補語　＇＝従節

❶ [An analysis] <by accounting firm PwC> found [Artificial Intelligence (AI)
would boost economic growth, (creating new roles (as others fell away))]. But
it warned [there would be "winners and losers" (by industry sector), (with many
jobs likely to change)].

❷ Opinion is split (over AI's potential impact), (with some warning [it could
leave many out of work (in the future)]). The pessimists argue [AI is different
(from [previous forms] <of technological change>), (because robots and
computer programs will be able to do intellectual as well as routine physical
tasks)].

❸ (However), [John Hawksworth], <chief economist at PwC>, said: "Major
new technologies, (from steam engines to computers), displace some existing
jobs but (also) generate large productivity gains. This reduces prices and
increases real income and spending levels, <which (in turn) creates [demand]
<for additional workers>>. Our analysis suggests [the same will be true (of AI,
robots, and related technologies), but [the distribution] <of jobs across sectors>
will shift (considerably) (in the process)]."

──────── 構文解説 ────────

1 it は前文の an analysis を指す。with は付帯状況を表し，with 以下は「多くの仕事が変わ
りそうな状況を伴って」ということ。

2 with some (people) warning ～ は「一部の人々が～と警告している状況を伴って」という
こと。leave many (people) out of work は VOC で，「多くの人々を失業状態のままに（放
置する）」の意味。

3 This は前文の内容を指す。which は前の内容を先行詞とする非制限用法の関係詞で，「そ
してそのことが～」の意味。

【和訳】

❶ 会計事務所 PwC による分析で，人工知能は経済の成長を増大させ，減少した役割があったのと同時に，新しい役割を創出するということがわかった。しかしその分析は，多くの仕事が変わる可能性が高く，産業分野によって「勝ち組と負け組」ができるだろうと警告した。

❷ 人工知能の潜在的な影響に関しては，将来的に多くの人を失業させる可能性があると警告する人もおり，意見が割れている。悲観論者は，ロボットとコンピュータープログラムが決まった肉体労働だけでなく，知的な仕事もできるようになるため，人工知能は以前の科学技術の変化の形態とは異なると主張する。

❸ しかしながら，PwC の経済評論家のトップであるジョン・ホークスワース氏は「蒸気機関からコンピュータープログラムまで，主要な新しい科学技術は一部の既存の職に取って代わり，また大きな生産性の増加を生み出す。このことが物価を引き下げ，実質所得と消費水準を向上させ，結果として追加の労働者に対する需要を創出する。私たちの分析は，人工知能やロボット，関連する科学技術についても同じことが当てはまると示唆しているが，その過程で分野を越えた職の配分はかなり変わるだろう」と言った。

重要語句リスト

❶
analysis	名	分析
accounting firm	名	会計事務所
found	動	〜を見つける
		find-found-found
Artificial Intelligence	名	人工知能
find (that) S V	熟	S が V することがわかる
boost	動	〜を増大させる
economic	形	経済の
growth	名	成長
fell	動	落ちる
		fall-fell-fallen
fall away	熟	減少する
warn (that) S V	熟	S が V すると警告する
winners	名	勝ち組
losers	名	負け組
industry	名	産業
sector	名	分野
with O C	熟	O が C なので，O が C して
be likely to V	熟	V しそうである

❷
split	動	〜を分ける
		split-split-split
over	前	〜に関して
potential	形	潜在的な
leave O C	動	O を C にする
out of work	熟	失業中で
pessimist	名	悲観論者
previous	形	以前の
technological	形	科学技術の
robot	名	ロボット
intellectual	形	知的な
A as well as B	熟	B だけでなく A も
routine	名	決まった
physical	形	肉体の，物理の

❸
chief	形	最高（位）の
economist	名	経済評論家
steam engine	名	蒸気機関
from A to B	熟	A から B まで
displace	動	〜に取って代わる
existing	形	既存の
generate	動	〜を生み出す
productivity	名	生産性
gain	名	増加
reduce	動	〜を減少させる
prices	名	物価
increase	動	〜を増加させる
real income	名	実質所得
spending	名	消費
level	名	水準
in turn	熟	結果として
demand for 〜	熟	〜に対する需要
(the) same	代	同じこと
suggest (that) S V	熟	S が V することを示唆する
be true of	熟	について当てはまる
related	形	関連する
distribution	名	配分
shift	動	変わる
considerably	動	かなり
process	名	過程

❹ PwC said [about seven million existing jobs could be displaced (by AI)
S V O S'① V'①
(between 2017 and 2037), but about 7.2 million could be created, (giving the
S'② V'②
U.K. a small net jobs boost <of around 200,000>)].

❺ Some sectors would benefit (more than others), (however), (with jobs in
S V
health increasing (by 22%), scientific and technical services (by 16%) and

education (by 6%)). [(By contrast), manufacturing jobs could fall (by 25%),
O S'① V'
transport and storage (by 22%) and public administration (by 18%)], PwC said.
S'② S'③ S V
"(As our analysis shows), there will be winners and losers," said Euan
O S' V' V S
Cameron, <PwC's AI lead in the U.K.> "It's likely [that the fourth industrial
O S' V' C' S'
revolution will favor those <with strong digital skills>, (as well as
V' O'
capabilities <like creativity and teamwork <which machines find it harder
S''' V''' O''' C'''
[to copy]>>)]."

❻ A growing body <of research> claims [the impact of AI automation will
S V O S' V'
be less damaging (than previously thought)]. (In 2018), the OECD criticized
C' S V
an influential 2013 forecast <by Oxford University <that found [[about 47% of
O V' O' S'
jobs <in the U.S. in 2010> and 35% <in the U.K.> were (at "high risk" of
V'
being automated (over the following 20 years))]]. The OECD (instead) put the
S V O①
U.S. figure (at about 10%) and the U.K.'s (at 12%) — (although it did suggest
O② S' V'
[many more workers would see their tasks changing (significantly)]).
O'S' V' O' C'

─────────────────────────────────

4 It is likely that ～「たぶん～だろう」の that 節中は, S′ will favor those <with A, as well as B>「S′ は A に加えて B を持つ人々を好むだろう」という形。which は capabilities ～ teamwork を先行詞とする目的格の関係代名詞で, 関係詞節中では copy の目的語の働きをしている。

5 that は主格の関係代名詞で, 先行詞は an influential ～ University。found に続く（that が省略された）節の骨子は, S″ were at "high risk" of being automated「S″ は自動化されるという『高い危険』にさらされていた」。high risk に引用符がついているのは, 実際にはそうではない（と OECD は考えた）から。

❹ PwC は約 700 万の既存の職が，2017 年から 2037 年の間に人工知能によって取って代わられうるが，約 720 万の職が創出され，イギリスに約 20 万の職のわずかな純増をもたらしうると言った。

❺ しかしながら，医療の職は 22％，科学と技術の業務は 16％，教育は 6％増加するといったように，一部の分野は他の分野よりも利益を得る可能性がある。対照的に，製造業の職は 25％，輸送と貯蔵は 22％，行政は 18％減少する可能性があると PwC は言った。「私たちの分析が指し示すように，勝ち組と負け組が生まれる」とイギリスでの人工知能の先導者である，PwC のユアン・カメロン氏は言った。「第 4 次産業革命では，機械にとってまねるのが難しい，創造性や共同作業のような能力だけでなく，強いデジタルの技術を持った人たちが優遇されるだろう」。

❻ 増加する多数の調査では，人工知能による自動操作の影響は，以前に考えられていたほど悪影響を及ぼさないと主張している。2018 年に経済協力開発機構は，オックスフォード大学による，大きな影響を及ぼした 2013 年の予測を非難した。その予測では，アメリカでは約 47％，イギリスでは 35％の仕事が，2010 年から 20 年の間に自動化される「高い危険」にさらされていると発見された。経済協力開発機構はその代わりに，アメリカの数値を約 10％，イギリスの数値を 12％と算出した。しかし，より多くの労働者が，仕事が著しく変化するのを見ることになるだろうと主張してはいる。

Lesson 08

❹
between A and B	熟 A と B の間に
small	形 わずかな
net	形 正味の
boost	名 増加
give O₁ O₂	動 O₁ に O₂ を与える

❺
benefit	動 利益を得る
health	名 医療
by	前 ～の程度で
scientific	形 科学の，化学的な
technical	形 技術の
service	名 業務
by contrast	熟 対照的に
manufacturing	形 製造業の
fall	動 減少する
transport	名 輸送
storage	名 貯蔵
public administration	名 行政
as S V	接 S が V するように
lead	名 先導者
fourth	形 第 4 の
industrial revolution	名 産業革命
be likely that S V	熟 S が V しそうである
favor	動 ～を優遇する
digital	形 デジタルの
capability	名 能力
creativity	名 創造性
teamwork	名 共同作業
machine	名 機械
find O C	動 O が C だと思う
copy	動 ～をまねる

❻
growing	形 増加する
a body of ～	熟 多数の～
research	名 調査，研究
automation	名 自動操作
claim (that) S V	熟 S が V すると主張する
less ...	熟 より…でなく
	→ little の比較級
damaging	形 悪影響を及ぼす
previously	副 以前に
thought	動 ～を考える
	think-thought-thought
think O C	動 O が C だと考える
criticize	動 ～を非難する
influential	形 大きな影響を及ぼす
forecast	名 予測
be at risk of ～	熟 ～の危険にさらされている
automate	動 ～を自動化する
over	前 ～の間に
following	形 次の
instead	副 その代わりに
put	動 ～を置く
	put-put-put
figure	名 数値
put O at ～	熟 O が～だと算出する
although S V	接 S は V するが
see O Ving	熟 O が V するのを見る
significantly	副 著しく

END   105

Please teach me, teacher!

Q 「受験英語」は将来役に立ちますか？

A そもそも「受験英語」という英語が存在するわけではありません。レベルと学習法を間違えなければ，大学入試で出題されている英語も，高校生が教科書で学ぶ英語も，本来のリーディングの練習に使えます。つまり，大学受験の英語を学習することも，やり方を工夫すれば，将来も役に立つリーディングの学習になるわけです。

　一般に「受験英語」と呼ばれているものは，英語自体を指すのではなく，旧来の英語学習のスタイルを指すことが多いようです。ひと昔前までは，ノートに全文和訳を書き，それを英語に直すという，戦前と同じような授業が行われることが多かったようです。

　もちろん，そのような方法では，英語を話したりすばやく読み書きしたりすることはできるようにはならないので，それが「受験英語」とよばれ，批判されることが多いようです。また，大学によっては，とても高校生には読めないような原書の抜粋を出題しますから，そのようなものをいきなり学習してしまうことも学習がうまくいかない原因になっています。

　そのため本書では，受験で出題された英文を適切な順番で配列し，ネイティブスピーカーの音声を用い，リスニングと融合させて学べるようになっています。このような方法で学習すれば，受験で勉強する英語もマイナスになることは決してありません。そして，大学受験や資格検定試験の対策を同時に行うことができます。

　皆さんが大学生や社会人になってからよく受験する試験の中に，英検や，TOEFL iBT, IELTS, TOEIC があります。これらの試験で点を取るためにも，また，将来英語を使いこなすためにも，本書で学ぶ英語は役に立ちます。

LV5
STAGE-3

Lesson 09
問題文
LEVEL-5

単 語 数 ▶ 387 words
制限時間 ▶ 25 分
目標得点 ▶ 40 ／50点

DATE

■次の英文を読み，あとの設問に答えなさい。

What Birds Can Teach Us about Flying Robots

Imagine a pigeon seated on a telephone wire. Ready for takeoff, it raises its wings, jumps into the air, and flies away. (1). But University of Manchester engineer Ben Parslew does. He is trying to design robots that can jump like birds.

Most conventional robots roll around on wheels, which limit their range of motions. There is a need for more agile robots that "can jump over obstacles in crowded environments," Parslew says. (2): "Birds are really good jumpers," he notes.

The trouble is that when birds start to take off, they lean far forward. According to the rules of physics, they should fall over onto their heads. (3). Parslew and his team used computer modeling to discover how birds avoid this. They discovered that birds bend their bodies slightly backward while preparing to jump. They also have flexible leg and toe joints, which prevent them from crashing into the ground immediately after takeoff. Parslew thinks engineers can use this information to design robots that can jump well and thus take off efficiently. Without such an ability, most present flying machines made by humans require either long runways (think: airplanes) or flat, stable surfaces (think: helicopters or drones) for takeoff. (4).

University of Southern California researcher Michael Habib, who was not involved in the study, says springs and levers enable faster acceleration than wheels and axles do. And many animals are masters of springs and levers. "A house cat will beat a fast sports car off the starting line for the first 30 meters," he says. While the car has to rev up its engine, the cat launches itself into a run. (　5　).

"If you can understand how that works," Habib adds, "(　6　), and it will also be good at taking off suddenly in all kinds of conditions and landing accurately." Parslew is now designing such a robot, as an alternative to wheeled vehicles for exploring other planets.

Lesson
09

(1) （ 1 ）～（ 6 ）に当てはまる最も適切なものを，それぞれの選択肢
の中から1つ選びなさい。

（ 1 ）

1 This series of actions is so common that you probably do not pay it
much attention

2 Although they might wish otherwise, humans do not have this useful
ability

3 Because it is instinctive, the pigeon does it naturally and without any
effort

4 Most of us probably believe that it is a simple thing for a bird such as
a pigeon to do

（ 2 ）

1 On the ground, birds have a limited range of movements

2 But such a robot could be dangerous to humans

3 To design such a machine, he turned to nature

4 Household pets seemed obvious models for such robots

（ 3 ）

1 The reason for this is obvious

2 They cannot take off smoothly

3 Yet that does not happen

4 They are not designed for flight

（ 4 ）

1 Neither of these is available to the designer of a jumping robot

2 Obviously, a long runway is easier to find than a flat stable surface

3 These increase their flying efficiency once they are off the ground

4 In both cases, they take some time to get off the ground and gain
height

(5)

1 The same principle controls how birds take flight

2 A sports car thus has an advantage over a cat

3 But after 30 meters, the cat will overtake the sports car

4 However, a bird takes off in a very different way

(6)

1 you can build a robot that's good at running around and good at flying

2 your robot will have the acceleration of a sports car and the speed of a cat

3 you may not be able to design a practical flying robot

4 you will see how flying robots use powerful springs and levers

Lesson
09

解 答 用 紙			
(1)	(1)	(2)	(3)
	(4)	(5)	(6)

解答・解説

(1)

(1)

① この一連の行動は非常にありふれているので，あなたはおそらくそれに注目することもあまりないだろう

2 彼らは人間はこの役に立つ能力を持っていることを願っていたかもしれないが，持っていない

3 それは本能によるものなので，ハトは自然に苦労なくする

4 私たちの大多数は，おそらくハトのような鳥にとってそれが簡単なことであると考えている

▶空所前後の話の展開がヒント。空所前は「(ハトが) 飛び立つ準備ができて ...... 飛び去る」とあり，ハトが飛ぶ行為に至るまでの自然の流れが記されている。一方，空所後は「しかし，ベン・パースリー氏は does [前出の動詞以降の反復を避ける代動詞]。彼は鳥と同じように跳ぶことができるロボットを設計しようと試みている」と続く。つまり，逆接 But 前の空所は「ベン・パースリー氏でない者は，does はせず，ハトが飛ぶ自然な流れを参考に，鳥と同じように飛ぶことができるロボットを設計しようとはしない」という内容になる。よって，この内容に最も近い **1** が正解。

(2)

1 地上では，鳥の動きの範囲は限られている

2 しかしそのようなロボットは，人間にとって危険となりうる

③ そのような機械を設計するために，彼は自然界へと目を向けた

4 家で飼われているペットが，そのようなロボットの明白なモデルであった

▶空所前では，従来型のロボットと今後必要なロボットについて，直後では鳥について書かれている。よって **3** を入れて，今後のロボットの開発のために鳥を参考にするといった流れにするのが適切。

(3)

1 この事の理由は明白である

2 それらはスムーズに飛び立つことができない

③ しかしそれは起こらない

4 それらは飛行するために設計されていない

▶空所前後の話の展開がヒント。空所前は「鳥は，飛び立ち始める時に大きく身を乗り出す。物理学の規則によれば，これでは頭の上へ倒れるはずである」とあるが，空所後では「パースリー氏と彼のチームは，鳥がどのようにして倒れるのを避けているのかを発見するために，コンピューターモデリングを使った」と続いている。つまり，空所は「頭の上へ倒れるはずだが実際には倒れない」という内容になる。よって，この内容に最も近い**3**が正解。

（ 4 ）

1 跳ぶロボットの設計者は，これらのどちらも手に入れることができない

2 明らかに，平らで安定した面よりも長い滑走路を見つける方が簡単である

3 それらがひとたび地面から離れれば，これらが飛行の効率を高める

④ 両方の場合において，それらが離陸して高さを増すためにはいくらか時間がかかる

▶**第3段落**では，鳥の飛び立つしくみ，そしてそれを飛行ロボットの設計に応用する展望について書かれている。（ 4 ）の直前の文では，現存の機械が飛び立つために必要な「長い滑走路」と「平らで安定した面」という2つの具体例が挙げられている。これらの具体例は，現存の機械が鳥と比較して劣っている点として提示されたものであるため，どのように劣っているのかを説明した**4**が正解。**4**の主語 they は直前の文の most present flying machines を指している。**1**，**3**の these は「長い滑走路」と「平らで安定した面」を指すが，**1**や**3**の内容は，それらが**現存の機械の難点**として挙げられたという前提に反するものである。また，ここでは「長い滑走路」と「平らで安定した面」を比較する必要性は感じられないため**2**は不適。

（ 5 ）

① 同じ原理が，鳥が飛び立つ方法を制御している

2 したがってスポーツカーは猫に対して有利な立場にある

3 しかし30メートル進んだ後，猫がスポーツカーを追い越す

4 しかしながら，鳥は全く違う方法で飛び立つ

▶**第3段落**の，鳥と現存の飛行する機械の対比に対し，**第4段落**では猫とスポーツカーが対比されている。この対比は鳥が飛び立つ方法をよりわかりやすく説明するためのもので，猫が鳥に対応する例だと考えられるため**1**が正解。

Lesson
09

（ 6 ）
①　あなたは上手に走り回ったり飛んだりできるロボットを作ることができる
2　あなたのロボットはスポーツカーの加速と猫の速さを持つだろう
3　あなたが実用的な飛行ロボットを設計するのは不可能かもしれない
4　あなたは飛行ロボットがどのようにして強力なバネとテコを使っているのか
　　分かるだろう

▶空所直後の and, also がヒント。A and B は A と B が同内容になる働きがあり，also は同イメージの情報を追加説明する働きがある。つまり，A と B がほぼ同じようなイメージの内容であることがわかる。今回は A が空所であるため，and 直後の B の内容に目を向けると，「それはまた，上手にあらゆる状況で突然離陸したり，正確に着陸したりできるだろう」とある。つまり，鳥と同じように跳ぶことができるようなロボットができるだろうという内容のため，同イメージの内容となる **1** が正解。また，空所直後の文の it は解答確定後に a robot を指すことがわかり，意味も通る。

正　解		
(1) 1	(2) 3	(3) 3
(4) 4	(5) 1	(6) 1

(1)
((1)～(4)各8点,
(5), (6)各9点)

得点	（1回目） ╱50点	（2回目）	（3回目）	CHECK YOUR LEVEL	0～30点 ➡ *Work harder!* 31～40点 ➡ *OK!* 41～50点 ➡ *Way to go!*

Lesson 09
構造確認

[　]＝名詞　￣￣＝修飾される名詞　＜　＞＝形容詞・同格　（　）＝副詞
S＝主語　V＝動詞　O＝目的語　C＝補語　′＝従節

What Birds Can Teach Us about Flying Robots

❶ Imagine a pigeon seated on a telephone wire. (Ready for takeoff), it raises its wings, jumps (into the air), and flies away. This series of actions is so common (that you (probably) do not pay it much attention). But University of Manchester engineer Ben Parslew does. He is trying [to design robots <that can jump (like birds)>].

❷ Most conventional robots roll around (on wheels, <which limit their range <of motions>>). There is a need <for more agile robots <that "can jump (over obstacles) (in crowded environments)>>," Parslew says. (To design such a machine), he turned (to nature): "Birds are really good jumpers," he notes.

・・・・・・・・・・構文解説・・・・・・・・・・

❶ 文全体は，S is so common that ～「S は非常に普通のことなので～」の構造。it は主語 (This series of actions) を指す。

❷ which は前の内容を先行詞とする主格の関係代名詞。

116

【和訳】

飛行ロボットについて
鳥が私たちに教えてくれること

❶ 電話線に座っているハトを想像してほしい。飛び立つ準備ができて，羽を上げ，空中へ跳び，飛び去る。この一連の行動は非常にありふれているので，あなたはおそらくそれに注目することもあまりないだろう。しかしマンチェスター大学の技師のベン・パースリー氏は（それに注目）する。彼は鳥と同じように跳ぶことができるロボットを設計しようと試みているのだ。

❷ 従来型のロボットの大半は車輪で動き回るため，動きの範囲が制限される。「混み合った環境でも障害物を越えて跳ぶことができる」より機敏なロボットが必要であるとパースリー氏は言う。そのような機械を設計するために，彼は自然界へと目を向けた。「鳥は跳躍において実にすぐれている」と彼は述べる。

重要語句リスト

☐ what S V	熟	S が V するもの［こと］
☐ teach O about ～	熟	O に～について教える
☐ flying robot	名	飛行ロボット
❶		
☐ imagine O (to be) C		
	動	O が C であるのを想像する
☐ pigeon	名	ハト
☐ seated	形	座っている
☐ telephone wire	名	電話線
☐ ready for ～	熟	～の準備ができた
☐ takeoff	名	離陸
☐ raise	動	～を上げる
☐ wing	名	羽
☐ air	名	空中
☐ fly away	熟	飛び去る
☐ series of ～	熟	一連の～
☐ common	形	ありふれた
☐ probably	副	おそらく
☐ so ... that S V	熟	非常に…なので，S が V する
☐ pay O attention	熟	O に注目する
☐ try to V	熟	V しようと試みる
☐ design	動	～を設計する
☐ robot	名	ロボット
☐ like	前	～と同じように
❷		
☐ conventional	形	従来型の
☐ roll around	熟	動き回る
☐ wheel	名	車輪
☐ limit	動	～を制限する
☐ range	名	範囲
☐ motion	名	動き
☐ need for ～	熟	～の必要性
☐ agile	形	機敏な
☐ obstacle	名	障害物
☐ crowded	形	混み合った
☐ environment	名	環境
☐ such a ～	熟	そのような～
☐ machine	名	機械
☐ turn to ～	熟	～に目を向ける
☐ nature	名	自然界
☐ jumper	名	跳ぶもの［人］
☐ note	動	～と述べる

Lesson
09

❸ The trouble is [that (when birds start [to take off], they lean (far forward))].
(According to the rules <of physics>), they should fall over (onto their heads).
Yet that does not happen. Parslew and his team used computer modeling (to
discover [how birds avoid this]). They discovered [that birds bend their bodies
(slightly backward) (while preparing to jump)]. They (also) have flexible leg
and toe joints, <which prevent them from crashing (into the ground)
(immediately after takeoff)>. Parslew thinks [engineers can use this
information(to design robots <that can jump (well) and (thus) take off
(efficiently)>)]. (Without such an ability), most present flying machines
<made by humans> require either long runways (think: airplanes) or flat,
stable surfaces (think: helicopters or drones) (for takeoff). (In both cases), they
take some time (to get off the ground and gain height).

15

20

❸ thinks に続く that 節内の構造は，S′ can use O′ to do「S′ は〜するために O′ を使うこと
ができる」。

118

❸ 困ったことに鳥は，飛び立ち始める時に大きく身を乗り出す。物理学の規則によれば，これでは頭の上へ倒れるはずである。しかし，それは起こらない。パースリー氏と彼のチームは，鳥がどのようにして倒れるのを避けているのか発見するために，コンピューターモデリングを使った。彼らは，鳥が跳ぶ準備をしている間にわずかに後方へ体を曲げることを発見した。また鳥は柔軟な脚とつま先の関節を持っていて，それらは，飛び立った後すぐに鳥が地面に墜落することを防いでいる。その結果，上手に跳ぶことができ，効率的に飛び立つことができるロボットを設計するために，技師はこの情報を使うことができるとパースリー氏は思っている。そのような能力がないため，人間によって作られた現存の飛行ロボットの大半は飛び立つために，（飛行機のように）長い滑走路か，（ヘリコプターやドローンのように）平らで安定した面のどちらかを必要とする。両方の場合において，離陸して高さを増すためにはいくらか時間がかかる。

❸

☐ the trouble is that S V	熟	困ったことに S は V する
☐ start to V	熟	V し始める
☐ take off	熟	飛び立つ
☐ far	副	遠くに
☐ lean forward	熟	身を乗り出す
☐ according to ～	熟	～によれば
☐ rule	名	規則
☐ physics	名	物理学
☐ fall over	熟	倒れる
☐ onto	前	～の上へ
☐ yet	接	しかし
☐ happen	動	起こる
☐ computer modeling	名	コンピューターモデリング
☐ discover	動	～を発見する
☐ how S V	熟	S が V する方法
☐ avoid	動	～を避ける
☐ discover that S V	熟	S が V することを発見する
☐ bend	動	～を曲げる
☐ slightly	副	わずかに
☐ backward	副	後方へ
☐ while Ving	熟	V している間に
☐ prepare to V	熟	V する準備をする
☐ flexible	形	柔軟な
☐ toe	名	つま先
☐ joint	名	関節
☐ prevent O from Ving	熟	O が V するのを妨げる
☐ crash into ～	熟	～に墜落する
☐ immediately	副	すぐに
☐ think (that) S V	熟	S が V すると思う
☐ thus	副	その結果
☐ efficiently	副	効率的に
☐ without	前	～なしに
☐ ability	名	能力
☐ present	形	現存の
☐ require	動	～を必要とする
☐ runway	名	滑走路
☐ either A or B	熟	A か B のどちらか
☐ flat	形	平らな
☐ stable	形	安定した
☐ surface	名	面
☐ helicopter	名	ヘリコプター
☐ drone	名	ドローン
☐ get off the ground	熟	離陸する
☐ gain height	熟	高さを増す

Lesson

09

4 University of Southern California researcher Michael Habib, <who was not
involved (in the study)>, says [springs and levers enable faster acceleration 25
(than wheels and axles do)]. And many animals are masters <of springs and
levers>. "A house cat will beat a fast sports car (off the starting line) (for the
first 30 meters)," he says. (While the car has to rev up its engine), the cat
launches itself (into a run). The same principle controls [how birds take flight].
5 "(If you can understand [how that works])," Habib adds, "you can build 30
a robot <that's good (at running around) and good (at flying), and it will (also)
be good (at [taking off (suddenly) (in all kinds of conditions)] and [landing
(accurately)])." Parslew is (now) designing such a robot, (as an alternative
<to wheeled vehicles <for [exploring other planets]>>).

---

4 S は University 〜 Michael Habib, V は says。who 〜 study は前の Michael Habib に補
足説明を加える非制限用法の関係詞節。says に続く that 節中は, S′ enable O′ (S′ は O′ を
可能にする) という構造。

5 〈If 節＋主節〉の構造。主節は A [you 〜 flying], and B [it 〜 accurately] の形。A は you
can build a robot の後ろに that で始まる関係詞節が続いている。B は it will also be good
at X [taking 〜] and Y [landing 〜]「それは X と Y をすることも上手だろう」の形。

❹ 南カリフォルニア大学の研究員のマイケル・ハビブ氏は，その研究には参加していなかったが，車輪と軸が可能にする加速と比べて，バネとテコはより速い加速を可能にしていると言った。そして多くの動物はバネとテコの名人である。「飼い猫はスタートラインから離れて最初の 30 メートルの間は，速いスポーツカーを打ち負かすことができる」と彼は言う。スポーツカーはエンジンを立ち上げなくてはいけないが，飼い猫は自分で走り始める。同じ原理が，鳥が飛び立つ方法を制御している。

❺ 「バネとテコがどのように機能しているかを理解することができれば，上手に走り回ったり飛んだりできるロボットを作ることができる。そしてそのロボットはまた，上手にあらゆる状況で突然離陸したり，正確に着陸したりできるだろう」とハビブ氏は付け加える。今パースリー氏は，他の惑星を探索するための車輪の付いた乗り物に代わるものとして，そのようなロボットを設計している。

❹

□ researcher	⑧ 研究員，研究者
□ involved in ~	⑲ ~に参加して
□ study	⑧ 研究
□ spring	⑧ バネ
□ lever	⑧ テコ
□ enable	⑩ ~を可能にする
□ faster	⑯ 速い
	fast-faster-fastest
□ acceleration	⑧ 加速
□ axle	⑧ 軸
□ master	⑧ 名人
□ house cat	⑧ 飼い猫
□ beat	⑩ ~を打ち負かす
□ sports car	⑧ スポーツカー
□ off	㊀ ~から離れて
□ starting line	⑧ スタートライン
□ meter	⑧ メートル
□ while S V	⑯ S は V するが
□ rev up	⑲ （エンジンの）回転速度を上げる
□ engine	⑧ エンジン
□ launch	⑩ ~を始める，~を発射する，~を（世に）送り出す
□ run	⑧ 走ること，走行
□ principle	⑧ 原理
□ control	⑩ ~を制御する
□ take flight	⑲ 飛び立つ

❺

□ understand	⑩ ~を理解する
□ work	⑩ 機能する
□ build	⑩ ~を作る
□ good at Ving	⑲ V するのが上手である
□ run around	⑲ 走り回る
□ suddenly	⑩ 突然
□ all kinds of ~	⑲ いろいろな種類の~
□ condition	⑧ 状況
□ land	⑩ 着陸する
□ accurately	⑩ 正確に
□ as	㊀ ~として
□ alternative to ~	⑲ ~に代わるもの
□ wheeled	⑯ 車輪の付いた
□ vehicle	⑧ 乗り物
□ explore	⑩ ~を探索する
□ planet	⑧ 惑星

END　121

LEVEL-5

Lesson 10

問題文

単語数 ▶ 390 words

制限時間 ▶ 25 分

目標得点 ▶ 40 / 50点

DATE

■次の英文を読み，あとの設問に答えなさい。

　Traditional residential architecture in Japan is perhaps best viewed as a response to the natural environment. Traditional Japan was a primarily agricultural society, centering on activities associated with rice planting. A feeling of cooperation, rather than antagonistic relationship, developed between the Japanese and their natural surroundings. Instead of resistance or defense, (A)accommodation and adaptation became the basic stance. Traditional Japanese architecture is characterized by the same attitude toward the natural environment, responding in particular to climatic and geographical conditions.

　(1)Japan's climate is distinguished by hot, humid summers and cold, dry winters, and the Japanese house has evolved accordingly to make the summers more bearable. The traditional Japanese house was raised slightly off the ground and the interior opened up to allow for unrestricted movement of air around and below the living spaces. Associated with the heat and humidity of summer were sun and frequent rain. This necessitated a substantial roof structure with long, low overhangs to protect the interior.

　The development of the individual spaces within the house was a gradual process of breaking down the larger open space that was available into smaller, more human-scaled spaces. Individual rooms were later (B)defined by *shoji* and *fusuma* (sliding doors) that could still be removed to form a single large space. The choice of building materials has been determined by the climate, wood being preferred to stone. Wood responds more sensitively to the climate, being much cooler and

25 absorbing moisture in summer and not as cold to the touch in winter. Wood is also more suited to withstand earthquakes, frequent occurrences in Japan.

(2)Japanese gardens possess a unique beauty derived from the combination and synthesis of various elements. There is a compositional

30 beauty derived from a blending of natural plantings, sand, water, and rock, made unique by the natural beauty of Japan's landscape and seasonal change, and a symbolic beauty arising from the expression of Shinto beliefs and Buddhist intellectual conventions. It has been said that the use of groupings of rocks is a distinguishing feature of the

35 Japanese garden and provides its basic framework. The ancestors of the modern Japanese referred to places surrounded by natural rock as a "heavenly barrier" or "heavenly seat," believing that gods lived there. The first gardens amidst the mountains of Yamato imitated ocean scenes with large ponds rimmed by (C)wild "seashores" and dotted with islands.

Lesson
10

123

（1） 下線部(A)と最も近い意味で accommodation が用いられているものを，次の選択肢の中から 1 つ選びなさい。

1 There's a shortage of cheap accommodations.

2 The organization is concerned with the accommodation of the homeless.

3 They reached an agreement through mutual accommodation.

4 I would consider it an accommodation if you would meet me tomorrow instead of today.

5 We have executive and standard accommodations on this flight.

（2） 下線部(B)と最も近い意味で define が用いられているものを，次の選択肢の中から 1 つ選びなさい。

1 Writers of dictionaries try to define words as accurately as possible.

2 I cannot define precisely what is missing.

3 It's hard to define exactly how I felt.

4 When boundaries between countries are not clearly defined, there is usually trouble.

5 A refugee is defined as someone who has been forced to leave their country through fear of persecution.

（3） 下線部(C)と最も近い意味で wild が用いられているものを，次の選択肢の中から 1 つ選びなさい。

1 He is wild about music.

2 The anxiety almost drove her wild.

3 Wild land is natural and not cultivated.

4 He led a wild life in his youth.

5 I get wild with rage when I see such cruelty.

（4） 第1段落の内容と一致するものを，次の選択肢の中から1つ選びなさい。

1 日本の伝統は稲作と深く結び付いている。

2 伝統的に日本は商業国であった。

3 日本人と自然環境との関係は対立的である。

4 反対することが日本人の基本的な態度である。

5 伝統的な日本の建築は，気象条件に必ずしも合っていない。

（5） 第2段落の内容と一致するものを，次の選択肢の中から1つ選びなさい。

1 伝統的な日本建築は風通しが良い。

2 日本の家は伝統的に冬の寒さをしのぐために建てられたものである。

3 日本の冬は寒いが，乾燥してはいない。

4 日本の家は地面からできるだけ多く離して建てられる。

5 日本の伝統的建築では，屋根はそれほど大きく張り出していない。

（6） 第3段落の内容と一致するものを，次の選択肢の中から1つ選びなさい。

1 建築材料に何を選ぶかは，気候によって決まるわけではない。

2 個人の居住空間は，家の中の広い空間を分けることにより得られるようになった。

3 日本の家は障子やふすまで仕切られているので，大きな部屋が確保しにくい。

4 木材よりも石の方が水分を吸収するので，夏は涼しい。

5 石の建築の方が，耐震性にすぐれている。

（**7**） 第4段落の内容と一致するものを，次の選択肢の中から1つ選びなさい。

1 石を配置するという手法は，日本庭園の基本構造ではない。

2 日本の庭は様々な要素の総合であるよりも，単一の要素に重点が置かれている。

3 庭の構成上の美しさは，植物や砂や水や石がそれぞれの個性を主張し合うところから生まれる。

4 日本庭園の象徴的な美は，神道よりも仏教の伝統の影響が大きい。

5 日本庭園は様々な要素を結合した独特の美しさを持っている。

（**8**） 本文全体のテーマとして最も適切なものを，次の選択肢の中から1つ選びなさい。

1 the living spaces and individual rooms

2 an agricultural society and an antagonistic relationship

3 the Japanese and their natural resources

4 the traditional Japanese house and garden

5 Japan's landscape and seasonal changes

（**9**） 下線部(1), (2)を和訳しなさい。

解　答　用　紙			
(1)		(2)	
(3)		(4)	
(5)		(6)	
(7)		(8)	
(9)	(1) ──────────────── (2)		

Lesson 10
解答・解説

(1) **1** 安い宿泊施設が不足している。

　　2 その団体は，家のない人々の収容施設に関係している。

　　③ 彼らは示談によって合意に達した。

　　4 今日ではなくて明日会ってくれたら，私にとって都合が良い。

　　5 この飛行には，高級予約席と標準予約席があります。

　▶ accommodation（好都合，宿泊施設，順応・和解，予約席）は押さえておき
たい単語だが，前後から意味を類推することもできる。直前の「**抵抗したり身
を守ったりするのではなく**」から，下線部は「**抵抗」の反対の意味**とわかる。さ
らに，「抵抗」の反対の意味として，**accommodation and adaptation** が挙げ
られているので，下線部は adaptation（適合，適応）とほぼ同意とわかる。

(2) **1** 辞書の著者は，言葉の意味をできるだけ正確に定義しようとする。

　　2 失くしたものを正確に説明することができない。

　　3 私がどのように感じたのかを正確に説明するのは難しい。

　　④ 二国間の国境が明確に区別されていないとき，たいていはもめごとがある。

　　5 難民とは，迫害の恐怖から，自分の国を去ることを余儀なくされている人
　　　と定義されている。

　▶多義語 define（〜を定義する，〜〔境界など〕を区別する，〜を説明する）
は押さえておきたい単語だが，文意から意味を類推することもできる。文後半
の「**それらは取り外して１つの大きな空間を作ることもなお可能だった**」から，
前半は「**個々の部屋は，後になって障子やふすま（すべらせて開けるドア）に
よって区切られた**」という意味で使われていると類推できる。

(3) **1** 彼は音楽に夢中だ。

　　2 心配で彼女は気も狂わんばかりだった。

　　③ 荒野は，自然のままで，耕されていない。

　　4 彼は若いとき，放らつな生活を送っていた。

　　5 そのような残酷な行為を見ると，私は怒りで気が狂いそうになる。

▶多義語 wild（野生の，自然〔のまま〕の，荒れ果てた，狂気じみた，夢中で）は押さえておきたい単語だが，文脈から意味を類推することもできる。**第1段落〜第3段落までは，伝統的な日本の家屋と自然の関係**について述べており，**第4段落**では日本庭園の美しさを**自然美と象徴美の融合から生じる複合的な美**としている。この流れと，下線部が seashores という**自然のもの**を修飾する形容詞であることから，「**自然（のまま）の**」の意味で使われていると類推できる。

（**4**）　第1段落第2文「伝統的な日本は，もともと**稲作に関連する活動を中心と**する農耕社会であった」から，**1** が正解と判断できる。

（**5**）　第2段落第2文「伝統的な日本家屋は，地面から少し離れた高い位置に置かれ，**居住空間の周囲や下の空気が制限なく動けるように**，屋内は開放されていた」から，**1** が正解と判断できる。**4** は地面から離して建てることには言及しているが，**第2段落**第2文には slightly（少し）とあるため，「できるだけ多く離して」の部分が適切ではない。

Lesson
10

（**6**）　第3段落第1文「家屋内部の**個別空間の発達は**，利用可能なより大きな開放された空間を，より小さくて，より人間規模に合わせた空間に**少しずつ分割**する過程だった」から，**2** が正解と判断できる。

（**7**）　第4段落第1文「**日本の庭園は，様々な要素の組み合わせと統合に由来す**る比類のない［独特の］美しさを持つ」から，**5** が正解と判断できる。

（**8**）　**1** 生活空間と個室
　　　2 農業社会と対立関係
　　　3 日本人と日本の天然資源
　　　④ 伝統的な日本家屋と庭園
　　　5 日本の景色と季節的変化

▶第1段落〜第4段落まで，「伝統的な日本家屋と庭園」について述べられていたことから，**4** が正解と判断できる。

(**9**)

(1)　and the Japanese house の and は 2 文をつないでいるので，まず and の前の
文を訳してから and 以降を訳す。また，2 文の内容から，この and は因果関
係を表す and だとわかるので，「だから，したがって」とつなげればよい。

(2)　derived 以下は形容詞の働きをする分詞句なので，a unique beauty を修飾し
ていることがわかるように訳せばよい。

正　解			
(1) (4点)	3	**(2)** (4点)	4
(3) (4点)	3	**(4)** (4点)	1
(5) (4点)	1	**(6)** (4点)	2
(7) (4点)	5	**(8)** (4点)	4
(9) (各9点)	(1) 日本の気候は暑く湿った夏と冷たく乾燥した冬によって特色づけられているので，日本の家屋はそれに応じて夏をより耐えられるものにするように進化してきた。		
	(2) 日本の庭園は，様々な要素の組み合わせと統合に由来する比類のない［独特の］美しさを持つ。		

得点	（1回目） ／50点	（2回目）	（3回目）	CHECK YOUR LEVEL	0〜30点 ➡ *Work harder!* 31〜40点 ➡ *OK!* 41〜50点 ➡ *Way to go!*

Lesson 10
構造確認

[ ]＝名詞　▭＝修飾される名詞　＜ ＞＝形容詞・同格　（ ）＝副詞
S＝主語　V＝動詞　O＝目的語　C＝補語　'＝従節

❶ [Traditional residential architecture] ＜in Japan＞ is (perhaps) (best) viewed
(as [a response] ＜to the natural environment＞).　Traditional Japan was [a
(primarily) agricultural society], ＜centering on [activities] ＜associated (with rice
planting)＞＞.　[A feeling] ＜of cooperation＞, (rather than antagonistic
relationship), developed (between the Japanese and their natural
surroundings).　(Instead of resistance or defense), accommodation and
adaptation became the basic stance.　**1** Traditional Japanese architecture is
characterized (by [the same attitude] ＜toward the natural environment＞),
(responding (in particular) to climatic and geographical conditions).

❷ Japan's climate is distinguished (by hot, humid summers and cold, dry
winters), and the Japanese house has evolved ((accordingly) to make the
summers more bearable).　The traditional Japanese house was raised
((slightly) off the ground) and the interior opened up (to allow for [unrestricted
movement] ＜of [air] ＜around and below the living spaces＞＞).　**2** Associated with
[the heat and humidity] ＜of summer＞ were sun and frequent rain.　This
necessitated [a substantial roof structure] ＜with [long, low overhangs] ＜to
protect the interior＞＞.

-------------------------------- 構文解説 --------------------------------

1 前半 (カンマの前) は S is characterized by ～「S は～によって特徴づけられる」という構
造。responding 以下は分詞構文で,「(～に) 対応して」の意味。which responds ～ (非制
限用法の関係詞節) に近い意味と考えてもよい (which の先行詞は前半の内容)。

2 通常の語順は Sun and frequent rain were associated with ～ summer. であり, この形か
ら, 重要な情報である S (下線部) を文の最後に置くために,〈分詞 (句) ＋ be 動詞＋ S〉と
いう倒置形を使ったもの。

【和訳】

❶ 伝統的な日本の住宅建築は，おそらく自然環境への対応として見るのが最適であろう。伝統的な日本は，もともと稲作に関連する活動を中心とする農耕社会であった。敵対的関係よりもむしろ協力の精神が，日本人と彼らを取り巻く自然環境との間に発達した。抵抗したり身を守ったりするのではなく，適合し順応することが基本的な姿勢となった。伝統的な日本建築は，自然環境に対するのと同じ態度によって特徴づけられ，とりわけ気候的および地理的条件に対応している。

❷ 日本の気候は暑く湿った夏と冷たく乾燥した冬によって特色づけられているので，日本の家屋はそれに応じて夏をより耐えられるものにするように進化してきた。伝統的な日本家屋は，地面から少し離れた高い位置に置かれ，居住空間の周囲や下の空気が制限なく動けるように，屋内は開放されていた。夏の暑さと湿度に関係するのが，日光と頻繁な雨だった。これによって必然的に，屋内を（日光や雨から）守るための長く低い張り出しを持つ丈夫な屋根構造が生まれた。

重要語句リスト

❶
- residential architecture
  - 名 住宅建築
- view A as B　熟 A を B として見る
- environment　名 環境
- primarily　副 元来，第一に
- agricultural　形 農業の
- center on ～　熟 ～を中心とする
- associate A with B
  - 熟 A を B に関連づける，B から A を連想する
- rice planting　名 稲作，米の栽培
- cooperation　名 協力
- A rather than B　B よりもむしろ A
- antagonistic　形 敵意を持つ
- relationship　名 関係
- surroundings　名 環境
- instead of ～　熟 ～の代わりに
- resistance　名 抵抗
- defense　名 防御
- accommodation　名 順応，和解
- adaptation　名 適合，適応
- stance　名 姿勢，態度
- characterize　動 ～を特徴づける
- attitude toward ～　熟 ～に対する態度
- in particular　熟 特に
- respond to ～　熟 ～に反応する
- climatic　形 気候の
- geographical　形 地理的な
- condition　名 条件

❷
- climate　名 気候
- distinguish　動 ～を特徴づける，～を区別する
- humid　形 湿気の多い
- evolve　動 進化する
- accordingly　副 それに応じて，したがって
- make O C　動 O を C にする
- bearable　形 耐えられる
- slightly　副 少し
- off　副 ～から離れて
- interior　名 屋内
- open up　熟 開ける
- allow for ～　熟 ～を考慮する
- unrestricted　形 無制限の
- movement　名 動き
- humidity　名 湿度
- frequent　形 たびたびの
- necessitate　動 ～することを必要とする
- substantial　形 丈夫な，しっかりした
- overhang　名 張り出し
- protect　動 ～を守る

Lesson
10

❸ **③** [The development] <of [the individual spaces] <within the house>> was [a
　S　　　　　　　　　　　　　　　　　　　　　　　　　　　　　　　　　　V　　C

gradual process] <of breaking down [the larger open space] <that was
　　　　　　　　　　　　　　　　　　　　　　　　　　　　　　　　　　　　　　V

available> (into smaller, more human-scaled spaces)>. Individual rooms were　20
C　　　　　　　　　　　　　　　　　　　　　　　　　　　　　　　S　　　　　　　V

(later) defined (by [*shoji* and *fusuma* (sliding doors)] <that could (still) be
　　　　　　　　　　　　　　　　　　　　　　　　　　　　　　　　　　　　　V

removed (to form a single large space)>). [The choice] <of building materials>
　　　　　　　　　　　　　　　　　　　　　　　　　　　S

has been determined (by the climate), (wood being preferred (to stone)).
V
④
Wood　responds (more sensitively) to the climate, (being much cooler and
S　　　V　　　　　　　　　　　　　　　O

absorbing moisture (in summer) and not as cold to the touch (in winter)).　25

Wood　is　(also)　more suited　(to withstand　[earthquakes],　<[frequent
S　　　V　　　　　　　　C

occurrences] <in Japan>>).

---

③ 文全体は, S was a gradual process.「S は段階的な過程だった」という SVC の構造。process
of 〜 ing は「〜する (ことの) 過程」。break down A into B は「A を分解して B に変える」
の意味 (into は変化の結果を表す)。

④ 文全体は, Wood responds to the climate「木は気候に反応する」という文に修飾語を加え
た形。being は分詞構文で, 意味上の主語は wood。being 以下は because it is much cooler
〜に近い意味を表す。

❸ 家屋内部の個別空間の発達は，利用可能なより大きな開放された空間を，より小さくて，より人間規模に合わせた空間に少しずつ分割する過程だった。個々の部屋は，後になって障子やふすま（すべらせて開けるドア）によって区切られたが，それらは取り外して1つの大きな空間を作ることもなお可能だった。建築材料の選択は気候によって決定され，石よりも木が好まれた。木は気候への反応がより敏感であり，夏には石よりもずっと涼しく湿気を吸収し，冬には石ほど触感が冷たくない。日本では頻繁な出来事である地震に持ちこたえることにも，木の方がより適している。

❸

☐ development	名	発達，進化
☐ individual	形	個々の
☐ gradual	形	徐々の
☐ process	名	過程
☐ available	形	利用できる
☐ break down A into B	熟	Aを分解してBにする
☐ human-scaled	形	人間に合わせたサイズの
☐ define	動	～（境界など）を区別する，～を定義する
☐ slide	動	すべる
☐ still	副	それでもなお
☐ remove	動	～を取り除く
☐ form	動	～を形成する
☐ single	形	ただ1つの
☐ choice	名	選択
☐ material	名	材料
☐ determine	動	～を決定する
☐ wood	名	木材
☐ prefer A to B	熟	BよりもAを好む
☐ sensitively	副	敏感に
☐ absorb	動	～を吸収する
☐ moisture	名	湿気
☐ be suited to V	熟	Vするのに適している
☐ withstand	動	～に持ちこたえる
☐ earthquake	名	地震
☐ occurrence	名	出来事

Lesson
10

❹ <u>Japanese gardens</u> <u>possess</u> |a unique beauty| <derived (from [the
combination and synthesis] <of various elements>)>. **⑤** There <u>is</u> |a compositional
beauty| <derived (from |a blending| <of |natural plantings, sand, water, and
rock|, <made unique (by |the natural beauty| <of Japan's landscape and
seasonal change>)>, and |a symbolic beauty| <arising (from |the expression|
<of Shinto beliefs and Buddhist intellectual conventions>)>>)>. <u>It</u> <u>has been</u>
<u>said</u> [that |the use| <of |groupings| <of rocks>> <u>is</u> |a distinguishing feature|
<of the Japanese garden> and <u>provides</u> its basic framework]. |The ancestors|
<of the modern Japanese> <u>referred to</u> |places| <surrounded (by natural rock)>
(as a "heavenly barrier" or "heavenly seat,") (believing [that <u>gods</u> <u>lived</u>
(there)]). |The first gardens| <amidst |the mountains| <of Yamato>> <u>imitated</u>
ocean scenes (with |large ponds| <rimmed (by wild "seashores") and dotted
(with islands)>).

30

35

40

⑤ 文全体は，There is S.「S がある」の S の後ろに，derived from a blending of A and B
「A と B の混合から生じる」という長い修飾語が続いている形 (A = natural 〜 change，B
= a symbolic 〜 conventions)。made 〜 change は前の名詞句 (natural 〜 rock) に対す
る補足説明で，which are made 〜に近い意味。arising 〜 conventions は前の名詞句 (a
symbolic beauty) の意味を限定する分詞句。

❹ 日本の庭園は，様々な要素の組み合わせと統合に由来する比類のない［独特の］美しさを持つ。日本の景観と季節の変化という自然美によって独自性を持った自然の木々，砂，水，岩と，神道信仰と仏教の知的慣習の表現から生じる象徴美の混合から生まれる複合美がある。岩の配置を利用することは日本庭園の顕著な特徴であり，その基本的な枠組みを作ると言われている。現代日本人の祖先たちは，自然の岩に囲まれた場所を「天の壁（天津磐境）」あるいは「天の座（天津磐座）」と呼び，神がそこに住むと信じていた。大和の山中に作られた最初の庭園は，自然の「海岸」に縁取られ島々が点在する大きな池を使って，海原の光景を模したものであった。

❹

possess	動 ～を所有する
unique	形 独特の，唯一の
(be) derived from ～	熟 ～に由来している
combination	名 組み合わせ，結合
synthesis	名 統合，合成
various	形 様々な
element	名 要素
compositional	形 複合的な
blending	名 混合（物）
sand	名 砂
landscape	名 景観，風景
seasonal	形 季節の
symbolic	形 象徴的な
arise from ～	熟 ～から生じる
expression	名 表現
Shinto	名 神道
belief	名 信仰
Buddhist	形 仏教の
intellectual	形 知的な
convention	名 慣習，しきたり
grouping	名 配置
distinguishing	形 特徴的な
feature	名 特徴
provide	動 ～を供給する，～を与える
framework	名 枠組み
ancestor	名 祖先
modern	形 現代の
surround	動 ～を取り囲む
refer to A as B	熟 AをBと呼ぶ
heavenly	形 天国の
barrier	名 防壁
god	名 神
amidst	前 ～の真ん中に
Yamato	名 大和
imitate	動 ～を模倣する
ocean	名 海，大洋
scene	名 景色
pond	名 池
rim	動 ～を縁取る
wild	形 自然（のまま）の
seashore	名 海岸
(be) dotted with ～	熟 ～が点在している

END   137

Lesson 11
問題文

単 語 数 ▶ 397 words
制限時間 ▶ 20 分
目標得点 ▶ 40 / 50点

DATE

■次の英文を読み，あとの設問に答えなさい。

Encouraging our kids is not always easy. When they are small, it takes more time to let them do things for themselves than it would take for us to do it for them. When they're older, it may not be a question of time, but of effort—we may tire of struggling to get our children to do things they should do for themselves. (A)But no matter how old they are, we should not fall into the trap of doing things for them. It's important for our children to learn to be responsible and to participate in the tasks of daily life in accordance with their age and abilities. What's more it is our job to encourage them to do it.

Barry is learning how to tie his shoes. His stubby four-year-old fingers are having trouble looping the laces through. Mom is watching him with growing impatience. (B)They're running late, and she's thinking she should have bought the Velcro* sneakers.

"Here, let me help", she says. She pushes his hands aside, and quickly ties the shoe herself. Her hands move so fast, Barry can't see how she did it. He wants to do it himself, so he pulls at the strings, and (C)undoes her work so he can start over. Now it's even later, they're both frustrated and angry with each other, and (D)they still haven't gotten anywhere with the shoes.

As parents, it's important for us to try to arrange our schedules in such a way that our children have the time they need to work at mastering the things they are learning—how to dress themselves, brush their teeth, tidy their room—with a minimum of pressure and hurrying. With the stressful lives many of us lead, getting everyone up a half-hour,

25　<u>or even an hour earlier</u>, may seem too high a price to pay. Certainly
(E)

for many parents, juggling the multiple demands of home and work, it may not always be possible. That is of course for every parent to decide. But in weighing the decision, think about how important this matter is for your child—he needs to learn to do things for himself, and he needs to

30　be able to do so <u>in such a way that he can feel proud and confident of</u>
(F)

<u>his accomplishments</u>, not ashamed and frustrated by his inability to keep up with the frantic pace of things.

Lesson
11

＊　Velcro（マジック・テープ〔商品名〕）

設問

（ 1 ） 下線部(A)を次のような英文に書き直すとき，空所（ a ）（ b ）に入る最も適切なものを，それぞれの選択肢の中から 1 つ選びなさい。

　　（ a ） their age, we should not get into the bad （ b ） of doing things on their behalf.

（ a ）
1 Apart from　　　　　　　**2** Considering
3 Regardless of　　　　　　**4** With regard to

（ b ）
1 condition　　**2** habit　　**3** position　　**4** trick

（ 2 ） 下線部(B)の意味に最も近いものを，次の選択肢の中から 1 つ選びなさい。
1 They are always doing things slowly.
2 They are doing running exercises lately.
3 They are behind schedule.
4 They are slow runners.

（ 3 ） 下線部(C)で Barry は具体的に何をしたのかを，句読点を含め 20 字以内の日本語で説明しなさい。

（ 4 ） 下線部(D)の意味に最も近いものを，次の選択肢の中から 1 つ選びなさい。
1 彼らはその靴をはいてどこかへ出かけたことはなかった。
2 彼らはその靴がどこにあるかわからなかった。
3 靴をまだきちんとはいていなかった。
4 靴についてまだ意見が一致していなかった。

（5） 下線部(E)の中で最も強く発音される語を，次の選択肢の中から1つ選び
なさい。

1 or　　　　　　　**2** even　　　　　　　**3** an

4 hour　　　　　　**5** earlier

（6） 下線部(F)を句読点を含め 40 字以内で和訳しなさい。

解　答　用　紙				
(1)	（ a ）	（ b ）	**(2)**	
(3)				
(4)		**(5)**		
(6)				

解答・解説

（1） 彼らの年齢（　a　），私たちは彼らのために物事をやってあげるという，悪い
（　b　）の中に入るべきではない。

　（　a　）
　　1　〜と離れて　　　　　　　　　　**2**　〜を考えると
　　③　〜とは関係なく　　　　　　　　**4**　〜に関しては

　▶ no matter how old they are（彼らが何歳であったとしても），すなわち，「年
齢とは関係なく」となるので，**3** が正解とわかる。

　（　b　）
　　1　状態　　　　　　　　　　　　　**②**　習慣
　　3　位置　　　　　　　　　　　　　**4**　策略

　▶ fall into the trap（過ちを犯す，わなに落ちる）。「子供に代わって物事をす
るという過ちを犯すべきではない」，すなわち，そのような「悪習」を持つなと
述べているので，**2** が正解とわかる。

（2）　**1**　彼らはいつものろのろしてばかりいる。
　　　　2　彼らは最近，走る運動をしている。
　　　　③　彼らは予定より遅れている。
　　　　4　彼らは走るのが遅い。

　▶「彼らは（時間的に）遅れた状態になっている」が直訳。run C（C になる）の
C には，通常，**悪い状態を表す形容詞**が入る。

（3）　　undo（〜を元通りにする，〜をほどく）なので，「彼女の作業を元通りにす
る」が直訳。**第 3 段落**第 2 文に，**彼女［母親］**が靴のひもを結んでくれたこと
が書いてあるので，下線部は，また靴のひもをほどいてしまうという内容だと
わかる。また，undo の意味がわからなかったとしても，**第 3 段落**第 4 文の「彼
［バリー］はそれを**自分で**やりたいと思うので，**ひもを引っ張り**，やり直せるよ
うに彼女［母親］のしたことを undoes する」という文脈から，ここでの undo
は「ひもをほどく」という意味で用いられていると類推できる。

（4）　　「靴については相変わらず何も済んでいない」が文意。get anywhere（うまく
いく）は通常，否定文で使う。下線部は，「靴に関してまだうまくいっていな
い」，すなわち，「まだ靴ひもを結び終わっていない」という内容になるので，
3 が正解とわかる。

(5)　最も強く発音される語とは，「**新情報**」や「**訂正した情報**」など，相手に最も伝えたい語である。直前で「30 分」と言っており，その情報を「あるいは 1 時間も早く」と訂正したので，「an hour」が強く発音される。冠詞は通常，強く発音しないので，**4** が正解とわかる。

(6)　in such a way that S V（S が V するようなやり方で）に注意して訳せばよい。

Lesson
11

正　解				
(1) (各6点)	(a)　3	(b)　2	**(2)** (6点)	3
(3) (8点)	母親が結んだ靴のひもをほどいた。（16字）			
(4) (6点)	3	**(5)** (6点)	4	
(6) (12点)	自分の成し遂げたことに対して，誇りと自信を感じることができるようなやり方で（37字）			

得点	（1回目）／50点	（2回目）	（3回目）	CHECK YOUR LEVEL	0〜30点 ➡ *Work harder!* 31〜40点 ➡ *OK!* 41〜50点 ➡ *Way to go!*

構造確認

［　］＝名詞　　＝修飾される名詞　＜　＞＝形容詞・同格　（　）＝副詞
S＝主語　V＝動詞　O＝目的語　C＝補語　′＝従節

❶ [Encouraging our kids] is not (always) easy. (When they are small), **1** it takes more time [to let them do things (for themselves)] than it would take (for us) [to do it (for them)]. (When they're older), it may not be a question ＜of time＞, but ＜of effort＞ — we may tire of [struggling to get our children to do things ＜they should do (for themselves)＞]. But (no matter how old they are), we should not fall into the trap ＜of doing things (for them)＞. It's important (for our children) [to learn [to be responsible]] and [to participate (in the tasks ＜of daily life＞ (in accordance with their age and abilities))]. (What's more) it is our job [to encourage them to do it].

❷ Barry is learning [how to tie his shoes]. His stubby four-year-old fingers are having trouble (looping the laces through). Mom is watching him (with growing impatience). They're running late, and she's thinking [she should have bought the Velcro sneakers].

❸ "(Here), let me help", {she says}. She pushes his hands (aside), and (quickly) ties the shoe (herself). Her hands move (so fast), Barry can't see [how she did it]. He wants [to do it (himself)], so he pulls at the strings, and undoes her work (so he can start over). (Now it's (even) later), they're both frustrated and angry (with each other), and they (still) haven't gotten (anywhere) (with the shoes).

構文解説

1 主節は，it takes more time A [to do] than it would take for us B [to do] .「A するには，私たちが B するのに要するであろう以上の時間を要する」という形。A には let O do「O に～させておく」の形が含まれている。B の for them は「子供たちのために」の意味。

2 even は比較級を強調する副詞で，even later は「（今でも遅れているが）さらに遅れて」ということ。they still haven't gotten anywhere は「彼ら［母親とバリー］は今もなおどこにも着いていない［うまくいっていない］」の意味。with the shoes の with は「～に関して」。

【和訳】

❶ 子供にやる気を起こさせることは，常に簡単だとは限らない。子供が小さいときは，子供に自分で物事をやらせる方が，子供の代わりに私たちがそれをする場合よりも長い時間がかかる。子供が大きくなってくると，それは時間の問題ではなく，努力の問題になるかもしれない——私たちは，子供に自分自身ですべきことを苦労してさせることにうんざりするかもしれない。しかし子供がどれだけ大きくなろうが，私たちは子供に代わって物事をするという過ちを犯すべきではない。責任を持つことを覚え，その年齢と能力に応じて日常生活の作業に参加することが，子供にとっては大切である。さらに，子供たちをそうする気にさせることは，私たち（大人）の仕事である。

❷ バリーは，靴のひもの結び方を習っているところである。彼のずんぐりした4歳の指は，靴ひもを輪に通すのに苦労している。母親は，もどかしさを募らせながら彼を見ている。彼らは時間に遅れており，彼女はマジック・テープのスニーカーを買えばよかったと思っている。

❸「ほら，私が手伝ってあげる」と彼女は言う。彼女は彼の手を押しのけ，すばやく自分で靴のひもを結ぶ。彼女の手はとても速く動くので，バリーには彼女がどのようにしたのかわからない。彼はそれを自分でやりたいと思うので，ひもを引っ張り，やり直せるよう彼女のしたことを元通りにする。今やますます遅くなり，彼らは2人とも不満を募らせてお互いに怒り出し，靴については相変わらず何も済んでいない。

重要語句リスト

❶
- not always .....　常に .....であるとは限らない
- it takes ～ to V　Vするのに～（の時間）がかかる
- for oneself　自分で
- tire of ～　～にうんざりする，～に飽きる
- struggle to V　苦労してVする
- get ～ to V　～にVさせる
- no matter how ... S V　Sがどんなに…にVしても
- fall into the trap　過ちを犯す，わなに落ちる
- responsible　責任がある
- participate in ～　～に参加する
- in accordance with ～　～に応じて，～に従って
- what's more　そのうえ
- encourage ～ to V　～にVする気を起こさせる

❷
- how to V　Vの仕方
- tie one's shoes　靴のひもを結ぶ
- stubby　ずんぐりした，短い
- have trouble Ving　Vするのに苦労する
- loop　～を輪にする
- lace　（靴）ひも
- growing　増加している
- with impatience　いらいらして，せっかちに
- run C　Cになる
- should have Vpp　Vすべきだったのに

❸
- push ～ aside　～をわきへ押しのける
- so ..., (that) S V　非常に…なので，SはVする
- pull at ～　～を引っ張る
- string　ひも
- undo　～を元通りにする，～をほどく
- so S can V　SがVできるように
- start over　やり直す
- Now (that) S V　今やSがVするので
- frustrated　欲求不満を抱いている
- (be) angry with ～　～に怒る
- not get anywhere　成功しない，何にもならない

Lesson **11**

❹ (As parents), it's important (for us) [to try to arrange our schedules (in 20
　　　 S V　C
such a way] <that our children have the time <they need (to work at
　　　　　　　　 S'　　　　　V'　　　O'　　　 S"　V"
mastering the things <they are learning> — <how to dress themselves, brush
　　　　　　　　　　　　 S‴　V‴
their teeth, tidy their room> — (with a minimum of pressure and
hurrying))>>)]. (With the stressful lives <many <of us> lead>), [getting
　　　　　　　　　　　　　　　　　　　 S'　　　　 V'　　　 S
everyone up (a half-hour, or even an hour earlier)], may seem too high a price 25
　　　　　　　　　　　　　　　　　　　　　　　　 V　　　　　 C
(to pay). (Certainly) (for many parents), <juggling the multiple demands
<of home and work>>, it may not (always) be possible. That is (of course) (for
　　　　　　　　　 S V　　　　　　 C　　 S　 V
every parent) [to decide]. But (in weighing the decision), think about [how
　　　　　　　　　　　 ❹　　　　　　　　　　　　　　　　　V　　　 ŌC̄
important this matter is (for your child)] — <he needs [to learn [to do things
　　　　　 S'　　　　　 V'　　　　　　　 S　 V　　 O
(for himself)]]>, and <he needs [to be able to do so (in such a way <that he 30
　　　　　　　　　　　 S　 V　　 O　　　　　　　　　　　　　　 S"
can feel proud and confident (of his accomplishments)>), (not ashamed and
V"　　　 C"
frustrated (by his inability <to keep up with the frantic pace> <of
things>>)))]>.

---

❸ As は「～として」(前置詞)。it's important for us to do「～することは私たちにとって大切だ」の不定詞部分が長くなっている。the time の後ろは関係詞節で, the time は need O to do「～するために O を必要とする」の O にあたる。ダッシュに挟まれた how ～ room は, the things they are learning「彼ら[子供たち]が学んでいること」の具体的な説明。

❹ in ～ing は「～するとき」。about の目的語として, How important this matter is for your child!「このことはあなたの子供にとっていかに大切なのか」という感嘆文が(間接疑問と同様の形で)使われている。ダッシュの後ろは this matter の具体的な説明で, A and B の形になっている。B の not ashamed and frustrated by ～は,「～によって恥ずかしい思いをしたり不満を持ったりしないで」の意味の分詞構文。his inability to do は「彼が～できないこと」(名詞構文)。

❹ 親として，子供の重圧や切迫感を最小限にし，子供たちが今習っていること——自分で服を着たり，歯を磨いたり，部屋を整頓したりすること——の習得に取り組むのに必要な時間を持てるようなやり方で予定を組むように努めることが，私たちには大切である。私たちの多くはストレスの多い生活を送っているので，みんなを 30 分，あるいは 1 時間も早く起こすことは，支払うには大きすぎる犠牲のように思えるかもしれない。確かに，家庭や仕事の多様な要求をこなしている多くの親にとっては，それが常に可能とは限らない。それはもちろん，すべての親が決めることである。しかし，その決定を検討する際には，このことがあなたの子供にとってどれほど重要であるかを考えなさい——つまり，彼は物事を自分でするということを学ぶ必要があり，また彼は，物事を行う著しく速いペースについて行けないことによって恥じたり欲求不満になったりするのではなく，自分の成し遂げたことに対して，誇りと自信を感じることができるようなやり方で，それをできるようになる必要があるのだ。

❹

☐ arrange	動	〜を調整する，〜を手配する
☐ schedule	名	予定，スケジュール
☐ in such a way that S V	熟	S が V するような方法で
☐ work at 〜	熟	〜に取り組む
☐ master	動	〜を習得する
☐ dress oneself	熟	服を着る
☐ brush one's teeth	熟	歯を磨く
☐ tidy	動	〜を整頓する
☐ a minimum of 〜	熟	最小限の〜
☐ pressure	名	重圧
☐ hurry	動	急ぐ，せき立てる
☐ stressful	形	ストレスの多い
☐ lead a ... life	熟	…な生活を送る
☐ get 〜 up	熟	〜を起こす
☐ seem C	動	C のように思われる
☐ too ... a 〜 to V	熟	V するには…な〜すぎる
☐ pay a price	熟	犠牲を払う
☐ certainly	副	確かに
☐ juggle	動	〜を首尾よく果たす
☐ multiple	形	多種多様な
☐ demand	名	要求
☐ decide	動	決める
☐ in Ving	熟	V する際に
☐ weigh	動	〜をよく考える
☐ decision	名	決定，決心
☐ think about 〜	熟	〜について考える
☐ how ... S be	熟	S がどれほど…であるかということ
☐ learn to V	熟	V することを学ぶ，V するようになる
☐ feel proud of 〜	熟	〜に誇りを感じる
☐ feel confident of 〜	熟	〜に自信を感じる
☐ accomplishment	名	業績，達成
☐ A not B	熟	B ではなく A
☐ ashamed	形	恥じている
☐ inability to V	熟	V することができないこと
☐ keep up with 〜	熟	〜に遅れずについて行く
☐ frantic	形	大急ぎの，大あわての
☐ pace	名	ペース，歩調

Lesson **11**

END　　147

LEVEL-5

Lesson 12
問題文

単 語 数 ▶ 400 words
制限時間 ▶ 20 分
目標得点 ▶ 40 ／50点

DATE

■次の英文を読み，あとの設問に答えなさい。

All green, black and oolong* teas come from the same tea plant, Camellia Sinensis*. They have been used for thousands of years in Asia, both as a beverage and as an herbal medicine. Leaves for black and oolong teas are fermented*. Green tea leaves are simply steamed and dried. Green tea (A)is getting much attention these days because many studies suggest that drinking a few cups a day may help prevent (B)certain cancers. (C)This provides scientific confirmation for the legendary saying: "Tea is a miraculous medicine for the maintenance of health."

Green tea is loaded with powerful antioxidants* called polyphenols* that protect cells from the changes caused by oxidation, a chemical reaction that can lead to cancer and the hardened arteries* that cause heart disease. In fact, researchers at the University of Kansas say that one antioxidant, epigallocatechin gallate, or EGCG, is 25 times more effective than the usually recommended vitamin E. EGCG encourages cells to resist the damage caused by oxidation* and helps damaged cells repair themselves.

In recent studies green tea and its component, catechin*, have been shown to reduce (D)the growth as well as the actual production of cancer. Even though these results have been gained from animal studies or pure laboratory tests, researchers think (E)it highly significant that tea catechin has the ability to prevent cancer.

Other studies suggest that the catechin in green tea acts to limit excessive blood cholesterol*, has the ability to prevent increased blood pressure, and can (F)lower blood sugar. Recent Japanese studies have

25 shown that green tea contains a powerful antioxidant which researchers believe can help control (G)aging. Other research has found that the antibacterial* function of green tea catechin may be effective in preventing food poisoning. Moreover, dental research suggests that green tea catechin both slows down the formation of plaque* by oral bacteria and

30 kills the bacteria themselves. Green tea also contains natural fluoride* which can strengthen teeth and help prevent cavities*.

Green tea, with (H)its sweet aroma and fresh taste, has been loved since its introduction to Asian countries centuries ago. But modern research has finally started to remove the veil concealing its true value as

35 a functional food. Green tea just might be a truly "miraculous medicine" with an extraordinary power to prolong life. Wouldn't it be a good idea, (I)given these facts, for all of us to enjoy our meals with several cups of green tea?

Lesson

12

---

* oolong（ウーロン）
Camellia Sinensis（カメリアシネンシス〔ツバキ科の常緑低木の茶木〕）
ferment（～を発酵する）　antioxidant（酸化防止剤）
polyphenol（ポリフェノール）　artery（動脈）　oxidation（酸化）
catechin（カテキン）　cholesterol（コレステロール）
antibacterial（抗菌性の）　plaque（歯垢）　fluoride（フッ化物）
cavity（虫歯）

Lesson 12
設問

（1） 本文の内容と一致するものを，次の選択肢の中から4つ選びなさい。

  1 お茶は体力回復のための不思議な薬である。
  2 ポリフェノールは酸化による細胞の変化を防ぐ。
  3 硬化した動脈はがんを引き起こす。
  4 ある酸化防止剤は傷ついた細胞の自己修復を助ける。
  5 最近の緑茶とカテキンの研究は動物研究と純粋な実験室での実験結果から得られたものなのでそれほど重要ではない。
  6 他の研究は緑茶とカテキンは血液のコレステロールを低くする働きがあると示唆している。
  7 緑茶には老化を抑えるのを助ける強力な酸化防止剤が含まれていると研究者は信じている。
  8 緑茶のカテキンが持つ抗菌性の機能は食中毒の防止に効果的であるかもしれない。
  9 カテキンは口内のバクテリアによって歯垢を形成する。
  10 近代の研究によっても緑茶の機能的な食品としての真価はいまだにベールに包まれている。

（2） 各下線部に関する問題の答えとして最も適切なものを，それぞれの選択肢の中から1つ選びなさい。

  (A) is getting much attention（最も意味の近いものを選びなさい）

  1 is giving much attention　　**2** is paying much attention
  3 is drawing much attention　　**4** is ignoring much attention

  (B) certain（最も意味の近いものを選びなさい）

  1 特別な　　**2** 確実な　　**3** 悪性の　　**4** ある種の

  (C) This（代名詞が指しているものを選びなさい）

  1 緑茶
  2 最近，緑茶が注目を集めていること
  3 がんの予防
  4 日に数杯のお茶を飲むことはがんの予防に役立つかもしれないということ

(D) the growth （具体的な内容を選びなさい）

   1 the growth of cancer   **2** the growth of production

   3 the growth of green tea   **4** the growth of catechin

(E) it （具体的な内容を選びなさい）

   1 実験室での試験

   2 お茶のカテキンにはがんを防ぐ能力があること

   3 がんの成長

   4 動物実験から得られた結果

(F) lower （反意語を選びなさい）

   1 rise   **2** raise   **3** decrease   **4** strengthen

(G) aging （最も意味の近いものを選びなさい）

   1 年代   **2** 年齢制限

   3 老化   **4** 年齢を決めること

(H) its （代名詞が指しているものを選びなさい）

   1 green tea   **2** sweet aroma

   3 fresh taste   **4** sweet aroma and fresh taste

Lesson
12

(I) given these facts （最も意味の近いものを選びなさい）

   1 与えられているこれらの事実

   2 これらの事実とは関係なく

   3 これらの事実を考慮すると

   4 仮にこのような事実があったとしても

解　答　用　紙			
(1)			
(2)	(A)	(B)	(C)
	(D)	(E)	(F)
	(G)	(H)	(I)

Lesson 12
解答・解説

(1) **1** 本文に，**お茶の体力回復効果**に関する記述はない。

② 第2段落第1文の内容に一致する。

3 第2段落第1文に「がんや，心臓病の原因となる動脈硬化」とあるが，心臓病の原因の1つとして動脈硬化が挙げられているにすぎず，がんと硬化した動脈との関連性については述べられていない。

④ 第2段落第2文〜最終文の内容に一致する。

5 第3段落最終文「これらの結果が動物の研究や純粋な実験室での実験から得られたものだとしても，お茶のカテキンががんを防ぐ力を持つことは**非常に重要であると研究者たちは考えている**」に矛盾する。

6 第4段落第1文に「他の研究が示すところでは，緑茶のカテキンは，**余分な血中コレステロールを制限する働きをし**」とあるが，**コレステロールを低くする**という記述はない。

⑦ 第4段落第2文の内容に一致する。

⑧ 第4段落第3文の内容に一致する。

9 第4段落第4文「緑茶カテキンは口内細菌による**歯垢の形成を遅らせる**」に矛盾する。

10 第5段落第2文「しかし現代の研究はついに，機能食品としてのその真の価値を隠す**ベールをはがし始めた**」に矛盾する。

(2)

(A) **1** 大きな注目を与えている　　**2** 大きな注意を払っている

③ 大きな注意を引いている　　**4** 大きな注意を無視している

▶「大きな注目を集めている」が直訳。**1，2** はお茶が注意を与えたり払ったりしていることになるので不適切。

(B) certain 〜（ある〔一定の〕〜，ある種の〜）は必須単語。**4** が正解。

(C) 「このことは古くからの言い伝えに科学的な裏づけを与える」とあるので，下線部は前に出た**言い伝えに科学的な裏づけを与える**事柄，つまり **4** を受けているとわかる。

(D) **①** がんの増殖　　　　**2** 生産量の増加

3 緑茶の栽培　　　　**4** カテキンの増加

▶ the growth as well as the actual production of cancer（がんの実際の発生だけでなく**増殖を**）とあるので，下線部は the growth of cancer だとわかる。

(E)　下線部は, think O C (O を C だと考える) の真目的語 that tea catechin has the ability to prevent cancer を指す形式目的語の it なので**2** が正解。it が出てきたら, 形式主語や形式目的語を疑う習慣をつけよう。

(F)　**1**　(S が) 上がる　　　　　　**②**　～を上げる
　　3　～を減らす　　　　　　　**4**　～を強くする
　　▶ lower ～ (～を下げる) は基本単語。下線部を含む文では, **緑茶カテキンがもたらすよい効果**について述べられているので, 「血糖値を**下げる**」という意味だと類推することもできる。反対語は, **2** の「～を上げる」。

(G)　aging (老化) は基本単語。直前の control ～ (～を抑える) から, 下線部は抑えることが可能なものだとわかる。選択肢の中で抑えることができるのは **3** だけである。

(H)　**①**　緑茶　　　　　　　　　　**2**　甘い香り
　　3　新鮮な味　　　　　　　　**4**　甘い香りと新鮮な味
　　▶前に出た名詞で, 話題の中心となっているのは green tea である。よって, **1** が正解とわかる。

(I)　given ～ (～を考慮に入れると) は considering と同意の前置詞的に用いられる単語。よって, **3** が正解。本文中でカンマとカンマに挟まれた副詞句なので, 副詞句になっていない **1** は不適切。

Lesson
12

正　解		
(1) (各5点)　**2, 4, 7, 8**		
(2)	(A)　3	(B)　4	(C)　4
(A)(C)(I)は 各4点 その他各3点	(D)　1	(E)　2	(F)　2
	(G)　3	(H)　1	(I)　3

得点	(1回目)	(2回目)	(3回目)	CHECK YOUR LEVEL	0～30点 ➡ *Work harder!* 31～40点 ➡ *OK!* 41～50点 ➡ *Way to go!*
	／50点				

Lesson 12
構造確認

❶ All green, black and oolong teas come from [the same tea plant],
　S　　　　　　　　　　　　　　　　　　　　　　 V　　　　　　　O

<Camellia Sinensis>. They have been used (for thousands of years) (in Asia),
　　　　　　　　　　　　 S　　　V

(both as a beverage and as an herbal medicine). [Leaves] <for black and
　　　　　　　　　　　　　　　　　　　　　　　　　　　　 S

oolong teas> are fermented. Green tea leaves are (simply) steamed and dried.
　　　　　　　 V　　　　　　　 S　　　　　　　　 V

❶ Green tea is getting much attention (these days) (because many studies suggest
　 S　　　　　 V　　　　　 O　　　　　　　　　　　　　　　　　 S'　　　　　　 V'

[that [drinking a few cups (a day)] may help prevent certain cancers]). This
 O' S'　　　　　　　　　　　　　　 V'　　　　O'　　　　　　　　　　　 S

provides scientific confirmation (for [the legendary saying]: <"Tea is [a
V　　　　 O　　　　　　　　　　　　　　　　 S　　　　　　　　　　　 S　 V　 C

miraculous medicine] <for [the maintenance] <of health>>.">)

━━━━━━━━━━━━━━━━━━━━━━━━━ 構文解説 ━━━━━━━━━━━━━━━━━━━━━━━━━

❶文全体は，〈主節 + because 節〉の構造。because 節中は「多くの研究が〜ということを示
　唆する」の意味で，that 節中は S'' may help do「S'' は〜するのに役立つかもしれない」とい
　う形。S は「1日につき 2，3杯（のお茶）を飲むこと」。

【和訳】

❶ すべての緑茶，紅茶，ウーロン茶は，同じお茶の木であるカメリアシネンシスから作られる。それらはアジアで何千年もの間，飲み物としても薬草としても使われてきた。紅茶とウーロン茶の葉は発酵する。緑茶の葉は，ただ蒸して乾燥するだけである。緑茶は最近大きな注目を集めているが，それは1日に2，3杯飲めばある種のがんの予防に役立つことを多くの研究が示しているからである。このことは「お茶は健康を維持するための妙薬である」という古くからの言い伝えに科学的な裏づけを与える。

重要語句リスト

❶

green tea	图 緑茶
black tea	图 紅茶
come from ~	熟 ~に由来する
tea plant	图 お茶の木
Camellia Sinensis	图 カメリアシネンシス
thousands of ~	熟 何千もの~
Asia	图 アジア
as	前 ~として
beverage	图 飲料
both A and B	熟 AとBの両方
herbal	形 草木の
herbal medicine	图 薬草
leaves	图 葉 → leaf の複数形
simply	副 単に
steam	動 ~を蒸す
dry	動 ~を乾燥させる
attention	图 注目，注意
these days	熟 最近
study	图 研究
suggest that S V	熟 SがVすると示唆する
a day	熟 1日につき
help ~ (to) V	熟 ~がVする手助けをする，~がVするのに役立つ
prevent	動 ~を防ぐ
certain	形 ある（一定の）~，ある種の~
cancer	图 がん
provide	動 ~を与える，~を供給する
scientific	形 科学的な，科学の
confirmation	图 裏づけ，立証
legendary	形 伝説（上）の
saying	图 ことわざ，格言
miraculous	形 驚異的な，不思議な
maintenance	图 維持
health	图 健康

Lesson **12**

155

❷ Green tea is loaded with [powerful antioxidants] <called polyphenols> <that
‾‾‾S‾‾‾ ‾‾V‾‾ ‾‾‾‾‾‾O‾‾‾‾‾‾

protect cells (from [the changes] <caused (by [oxidation], <[a chemical
‾V′‾ ‾O′‾

reaction] <that can lead (to cancer and [the hardened arteries] <that cause
‾‾‾‾‾ V″ ‾‾‾‾‾‾‾‾‾‾‾‾‾‾‾‾‾‾‾‾ V‴

heart disease>)>>)>)>. (In fact), [researchers] <at the University of Kansas>
‾O‴‾ ‾‾‾‾S‾‾‾‾

say [that [one antioxidant], <epigallocatechin gallate, or EGCG>, is 25 times
‾V‾ ‾O‾ ‾‾‾‾S′‾‾‾‾ V′ C′

more effective than the (usually) recommended vitamin E]. EGCG encourages
‾‾‾‾‾‾‾‾‾‾‾‾ ‾‾S‾‾ V①

cells to resist [the damage] <caused (by oxidation)> and helps damaged cells
‾‾‾ ‾‾‾‾‾‾‾‾ V② ‾‾‾O②‾‾‾
O① C①

repair themselves.
C②

❸ (In recent studies) green tea and [its component], <catechin>, have been
‾‾‾‾‾‾‾‾‾‾S‾‾‾‾‾‾‾‾‾‾‾ ‾‾V‾‾

shown to reduce [the growth] as well as [the actual production] <of cancer>.
‾‾‾‾C‾‾‾

(Even though these results have been gained (from animal studies or pure
‾‾‾‾‾‾‾‾‾‾S′‾‾‾‾‾‾‾ ‾‾‾‾‾V′‾‾‾‾‾

laboratory tests)), researchers think it (highly) significant [that tea catechin has
‾‾‾‾S‾‾‾‾ ‾V‾ O ‾‾C‾‾ ‾‾‾‾‾S′‾‾‾‾‾ ‾V′‾

[the ability] <to prevent cancer>].
‾‾‾‾‾‾ O′

10

15

20

---

❷ Green 〜 antioxidants で SVO の形が完成している。that は powerful antioxidants called
polyphenols を先行詞とする主格の関係代名詞。protect A from B は「A を B から守る」。
B は the changed caused by oxidation「酸化によって引き起こされる変化」。oxidation と
a chemical reaction 以下は同格の関係で、「酸化，つまり化学反応」ということ。

❷ 緑茶は，がんや，心臓病の原因となる動脈硬化に至る可能性を持つ化学反応である酸化によって引き起こされる変化から細胞を守る，ポリフェノールと呼ばれる強力な酸化防止剤をたっぷり含んでいる。実際，カンザス大学の研究者たちは，酸化防止剤の１つであるエピガロカテキンガレート，すなわち EGCG は，一般に推奨されるビタミン E の 25 倍の効果を持つと言う。EGCG は，細胞が酸化によって引き起こされた損傷に抵抗するよう促し，損傷を受けた細胞が自己修復する手助けをする。

❸ 最近の研究では，緑茶とその成分のカテキンは，がんの実際の発生だけでなく増殖を抑制することも示されている。たとえこれらの結果が動物の研究や純粋な実験室での実験から得られたものだとしても，お茶のカテキンががんを防ぐ力を持つことは非常に重要であると研究者たちは考えている。

❷

☐ be loaded with ～	熟	～がたっぷり入っている
☐ powerful	形	強力な
☐ A called B	熟	B と呼ばれる A
☐ cell	名	細胞
☐ protect A from B	熟	A を B から守る
☐ cause	動	～を引き起こす
☐ chemical reaction	名	化学反応
☐ lead to ～	熟	～に至る
☐ hardened artery	名	動脈硬化
☐ heart disease	名	心臓病
☐ in fact	熟	実際
☐ researcher	名	研究者
☐ epigallocatechin gallate		
	名	エピガロカテキンガレート，EGCG
☐ effective	形	効果的な
☐ usually	副	普通，普段
☐ recommend	動	～を勧める，～を推薦する
☐ vitamin	名	ビタミン
☐ encourage ～ to V		
	熟	～が V するよう促す
☐ resist	動	～に抵抗する
☐ damage	名	損傷，損害
☐ damaged	形	損傷を受けた
☐ repair oneself	熟	自己修復する

❸

☐ recent	形	最近の
☐ component	名	成分
☐ reduce	動	～を減少させる
☐ growth	名	成長
☐ A as well as B	熟	B だけでなく A も
☐ actual	形	実際の
☐ production	名	生産
☐ even though S V	接	たとえ S が V しても，S が V するけれども
☐ result	名	結果
☐ gain	動	～を得る
☐ pure	形	純粋な，混じり気のない
☐ laboratory	名	実験室
☐ highly	副	非常に
☐ significant	形	重要な，顕著な
☐ ability to V	熟	V する能力

Lesson
12

❹ Other studies suggest [that the catechin <in green tea> acts (to limit excessive blood cholesterol), has the ability <to prevent increased blood pressure>, and can lower blood sugar]. ❹ Recent Japanese studies have shown [that green tea contains a powerful antioxidant <which {researchers believe} can help control aging>]. Other research has found [that the antibacterial function <of green tea catechin> may be effective (in preventing food poisoning)]. (Moreover), dental research suggests [that green tea catechin both slows down the formation <of plaque> <by oral bacteria> and kills the bacteria <themselves>]. Green tea (also) contains natural fluoride <which can strengthen teeth and help prevent cavities>.

❺ Green tea, (with its sweet aroma and fresh taste), has been loved (since its introduction <to Asian countries> <centuries ago>). But modern research has (finally) started [to remove the veil <concealing its true value <as a functional food>>]. Green tea (just) might be a truly "miraculous medicine" <with an extraordinary power <to prolong life>>. Wouldn't it be a good idea, (given these facts), (for all of us) [to enjoy our meals (with several cups of green tea)]?

---

3 suggest に続く that 節中の S′ は the catechin, V′ は A [acts ~], B [has ~], and C [can lower ~] の形。acts to limit は「~を制限する方向に作用する，作用して~を制限する」。

4 S have shown that ~「S は~ということを示している」の that 節中は, green ~ antioxidant が S′V′O′の形。which 以下は O′ を先行詞とする関係詞節で, a powerful antioxidant + researchers believe it can help control aging「それ [強力な酸化防止剤] は老化を抑えるのに役立ちうると研究者たちは信じている」と考える。この it にあたるものが which。

❹ 他の研究が示すところでは，緑茶のカテキン
は，余分な血中コレステロールを制限する働きを
し，血圧の上昇を防ぐ力があり，血糖値を下げる
ことができるという。最近の日本の研究が示すと
ころによると，緑茶には老化を抑える手助けをす
ると研究者たちが信じている強力な酸化防止剤が
含まれている。他の研究からは，緑茶カテキンの
抗菌作用が食中毒の防止に効果があるかもしれな
いことがわかった。さらに歯科の調査によれば，
緑茶カテキンは口内細菌による歯垢の形成を遅ら
せると共に，細菌自体を殺すことが示されてい
る。また緑茶は，歯を丈夫にし，虫歯を防ぐのに
役立つ天然のフッ化物も含んでいる。

❺ 甘い香りと新鮮な味を持つ緑茶は，何世紀も
前にアジアに紹介されて以来ずっと愛好されてき
た。しかし現代の研究はついに，機能食品として
のその真の価値を隠すベールをはがし始めた。緑
茶はまさに，並外れた延命力を持つ真の「妙薬」
かもしれない。これらの事実を考慮して，私たち
みんなが数杯の緑茶と共に食事を楽しむのは良い
考えではないだろうか。

❹

other	形	他の
act	動	作用する
limit	動	～を制限する
excessive	形	余分な，過度の
blood	名	血液
increased	形	増えた
blood pressure	名	血圧
lower	動	～を下げる
blood sugar	名	血糖値
contain	動	～を含む
control	動	～を抑える
aging	名	老化
function	名	機能
food poisoning	名	食中毒
moreover	副	そのうえ
dental	形	歯科の，歯の
research	名	調査
slow down ～	熟	～を遅らせる
formation	名	形成
oral	形	口の
bacteria	名	細菌
strengthen	動	～を強くする

❺

aroma	名	香り，芳香
taste	名	味
introduction	名	紹介
century	名	世紀
finally	副	ついに，最後に
start to V	熟	V し始める
remove	動	～を脱がす，～を取り除く
veil	名	ベール，覆い
conceal	動	～を隠す
value	名	価値
functional food	名	機能食品
extraordinary	形	並外れた
prolong	動	～を延長する
life	名	命
given	前	～を考慮に入れると
fact	名	事実
it is a good idea for ～ to V	熟	～が V するのは良い考えだ →形式主語構文
meal	名	食事
several	形	数～，いくつかの

Lesson **12**

END　159

【訂正のお知らせはコチラ】
　本書の内容に万が一誤りがございました場合は, 東進 WEB 書店 (https://www.toshin.com/books/) の本書ページにて随時お知らせいたしますので, こちらをご確認ください。☞

【問題文出典大学】※本書に掲載している英文は，必要に応じて一部改変しています。
Lesson 01：東京理科大学（薬）　Lesson 02：成蹊大学（理工）　Lesson 03：成蹊大学（工 ※出題当時）
Lesson 04：中央大学（理工）　Lesson 05：東京理科大学（工）　Lesson 06：明治大学（文）
Lesson 07：中央大学（理工）　Lesson 08：駒澤大学（文・経営）　Lesson 09：法政大学（情報科）
Lesson 10：成蹊大学（経済）　Lesson 11：学習院大学（文）　Lesson 12：青山学院大学（理工）

大学受験　レベル別問題集シリーズ

英語長文レベル別問題集⑤ 上級編【改訂版】

発行日：2023年　3月　1日　初版発行
　　　　2024年　8月 20日　第3版発行

著者：**安河内哲也／大岩秀樹**
発行者：**永瀬昭幸**

編集担当：山村帆南
発行所：株式会社ナガセ
　　　　〒180-0003 東京都武蔵野市吉祥寺南町 1-29-2
　　　　出版事業部（東進ブックス）
　　　　TEL：0422-70-7456 ／ FAX：0422-70-7457
　　　　URL：http://www.toshin.com/books（東進 WEB 書店）
　　　　※本書を含む東進ブックスの最新情報は東進WEB書店をご覧ください。

制作協力：株式会社ティーシーシー（江口里菜）
編集協力：松下未歩　松本六花　三木龍瑛　湯本実果里
　　装丁：東進ブックス編集部
組版・印刷・製本：シナノ印刷株式会社
音声収録：財団法人英語教育協議会（ELEC）
音声出演：Jennifer Okano　Vicki Glass
　　　　　Guy Perryman　Alka Lodha
動画出演：Nick Norton

合格の秘訣① 全国屈指の実力講師陣

東進の実力講師陣
数多くのベストセラー参考書を執筆!!

東進ハイスクール・
東進衛星予備校では、
そうそうたる講師陣が君を熱く指導する！

本気で実力をつけたいと思うなら、やはり根本から理解させてくれる一流講師の授業を受けることが大切だ。東進の講師は、日本全国から選りすぐられた大学受験のプロフェッショナル。何万人もの受験生を志望校合格へ導いてきたエキスパート達です。

英語

本物の英語力をとことん楽しく！日本の英語教育をリードするMr.4Skills.

安河内 哲也先生
[英語]

100万人を魅了した予備校界のカリスマ。抱腹絶倒の名講義を見逃すな！

今井 宏先生
[英語]

爆笑と感動の世界へようこそ。「スーパー速読法」で難解な長文も速読即解！

渡辺 勝彦先生
[英語]

雑誌『TIME』やベストセラーの翻訳も手掛け、英語界でその名を馳せる実力講師。

宮崎 尊先生
[英語]

いつのまにか英語を得意科目にしてしまう、情熱あふれる絶品授業！

大岩 秀樹先生
[英語]

全世界の上位5％(PassA)に輝く、世界基準のスーパー実力講師！

武藤 一也先生
[英語]

関西の実力講師が、全国の東進生に「わかる」感動を伝授。

慎 一之先生
[英語]

数学

数学を本質から理解し、あらゆる問題に対応できる力を与える珠玉の名講義！

志田 晶先生
[数学]

論理力と思考力を鍛え、問題解決力を養成。多数の東大合格者を輩出！

青木 純二先生
[数学]

「ワカル」を「デキル」に変える新しい数学は、君の思考力を刺激し、数学のイメージを覆す！

松田 聡平先生
[数学]

明快かつ緻密な講義が、君の「自立した数学力」を養成する！

寺田 英智先生
[数学]

WEBで体験

国語

「脱・字面読み」トレーニングで、「読む力」を根本から改革する！
興水 淳一先生
[現代文]

明快な構造板書と豊富な具体例で必ず君を納得させる！「本物」を伝える現代文の新鋭。
西原 剛先生
[現代文]

東大・難関大志望者から絶大なる信頼を得る本質の指導を追究。
栗原 隆先生
[古文]

ビジュアル解説で古文を簡単明快に解き明かす実力講師。
富井 健二先生
[古文]

縦横無尽な知識に裏打ちされた立体的な授業に、グングン引き込まれる！
三羽 邦美先生
[古文・漢文]

幅広い教養と明解な具体例を駆使した緩急自在の講義。漢文が身近になる！
寺師 貴憲先生
[漢文]

小論文、総合型、学校推薦型選抜のスペシャリストが、君の学問センスを磨き、執筆プロセスを直伝！
正司 光範先生
[小論文]

文章で自分を表現できれば、受験も人生も成功できます。「笑顔と努力」で合格を！
石関 直子先生
[小論文]

理科

正しい道具の使い方で、難問が驚くほどシンプルに見えてくる！
宮内 舞子先生
[物理]

化学現象を疑い化学全体を見通す"伝説の講義"は東大理三合格者も絶賛。
鎌田 真彰先生
[化学]

「なぜ」をとことん追究し「規則性」「法則性」が見えてくる大人気の授業！
立脇 香奈先生
[化学]

「いきもの」をこよなく愛する心が君の探究心を引き出す！生物の達人。
飯田 高明先生
[生物]

地歴公民

歴史の本質に迫る授業と、入試頻出の「表解板書」で圧倒的な信頼を得る！
金谷 俊一郎先生
[日本史]

つねに生徒と同じ目線に立って、入試問題に対する的確な思考法を教えてくれる。
井之上 勇先生
[日本史]

"受験世界史に荒巻あり"と言われる超実力人気講師！世界史の醍醐味を。
荒巻 豊志先生
[世界史]

世界史を「暗記」科目だなんて言わせない。正しく理解すれば必ず伸びることを一緒に体感しよう。
加藤 和樹先生
[世界史]

どんな複雑な歴史も難問も、シンプルな解説で本質から徹底理解できる。
清水 裕子先生
[世界史]

わかりやすい図解と統計の説明に定評。
山岡 信幸先生
[地理]

政治と経済のメカニズムを論理的に解明しながら、入試頻出ポイントを明確に示す。
清水 雅博先生
[公民]

「今」を知ることは「未来」の扉を開くこと。受験に留まらず、目標を高く、そして強く持て！
執行 康弘先生
[公民]

ココが違う 東進の指導

01 人にしかできないやる気を引き出す指導

夢と志は志望校合格への原動力！

夢・志を育む指導

東進では、将来を考えるイベントを毎月実施しています。夢・志は大学受験のその先を見据える、学習のモチベーションとなります。仲間とワクワクしながら将来の夢・志を考え、さらに志を言葉で表現していく機会を提供します。

一人ひとりを大切に君を個別にサポート

担任指導

東進が持つ豊富なデータに基づき君だけの合格設計図をともに考えます。熱誠指導でどんな時でも君のやる気を引き出します。

受験は団体戦！仲間と努力を楽しめる

チーム制

東進ではチームミーティングを実施しています。週に1度学習の進捗報告や将来の夢・目標について語り合う場です。一人じゃないから楽しく頑張れます。

現役合格者の声

東京大学 文科一類
中村 誠雄くん
東京都 私立 駒場東邦高校卒

林修先生の現代文記述・論述トレーニングは非常に良質で、大いに受講する価値があると感じました。また、担任指導やチームミーティングは心の支えでした。現状を共有でき、話せる相手がいることは、東進ならではで、受験という本来孤独な闘いにおける強みだと思います。

02 人間には不可能なことを AI が可能に

学力×志望校 一人ひとりに最適な演習をAIが提案！

AI演習

東進の AI 演習講座は 2017 年から開講していて、のべ 100 万人以上の卒業生の、200 億題にもおよぶ学習履歴や成績、合否等のビッグデータと、各大学入試を徹底的に分析した結果等の教務情報をもとに年々その精度が上がっています。2024 年には全学年に AI 演習講座が開講します。

■AI演習講座ラインアップ

高3生 苦手克服＆得点力を徹底強化！

「志望校別単元ジャンル演習講座」
「第一志望校対策演習講座」
「最難関4大学特別演習講座」

高2生 大学入試の定石を身につける！

「個人別定石問題演習講座」

高1生 素早く、深く基礎を理解！ 　2024年夏 新規開講

「個人別基礎定着問題演習講座」

現役合格者の声

千葉大学 医学部医学科
寺嶋 怜旺くん
千葉県立 船橋高校卒

高1の春に入学しました。野球部と両立しながら早くから勉強をする習慣がついていたことは僕が合格した要因の一つです。「志望校別単元ジャンル演習講座」は、AIが僕の苦手を分析して、最適な問題演習セットを提示してくれるため、集中的に弱点を克服することができました。

東進で勉強したいが、近くに校舎がない君は…

東進ハイスクール 在宅受講コースへ

「遠くて東進の校舎に通えない……」。そんな君も大丈夫！在宅受講コースなら自宅のパソコンを使って勉強できます。ご希望の方には、在宅受講コースのパンフレットをお送りいたします。お電話にてご連絡ください。学習・進路相談も随時可能です。

0120-531-104

---

03 本当に学力を伸ばすこだわり

楽しい！わかりやすい！そんな講師が勢揃い

実力講師陣

わかりやすいのは当たり前！おもしろくてやる気の出る授業を約束します。1・5倍速×集中受講の高速学習。そして、12レベルに細分化された授業を組み合わせ、スモールステップで学力を伸ばす君だけのカリキュラムをつくります。

パーフェクトマスターのしくみ

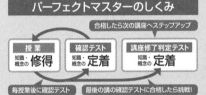

合格したら次の講座へステップアップ

授業	確認テスト	講座修了判定テスト
知識・概念の **修得**	知識・概念の **定着**	知識・概念の **定着**

毎授業後に確認テスト　　最後の講の確認テストに合格したら挑戦！

英単語1800語を最短1週間で修得！

高速マスター

基礎・基本を短期間で一気に身につける「高速マスター基礎力養成講座」を設置しています。オンラインで楽しく効率よく取り組めます。

本番レベル・スピード返却学力を伸ばす模試

東進模試

常に本番レベルの厳正実施。合格のために何をすべきか点数でわかります。WEBを活用し、最短中3日の成績表スピード返却を実施しています。

現役合格者の声

**早稲田大学 基幹理工学部
津行 陽奈さん**
神奈川県 私立 横浜翠葉高校卒

私が受験において大切だと感じたのは、長期的な積み重ねです。基礎力をつけるために「高速マスター基礎力養成講座」や授業後の「確認テスト」を満点にすること、模試の復習などを積み重ねていくことでどんどん合格に近づき合格することができたと思っています。

ついに登場！
君の高校の進度に合わせて学習し、定期テストで高得点を取る！

高等学校対応コース

目指せ！「定期テスト」
20点アップ！
「先取り」で学校の勉強がよくわかる！

楽しく、集中が続く、授業の流れ

1. 導入
授業の冒頭では、講師と担任助手の先生が今回扱う内容を紹介します。

2. 授業
約15分の授業でポイントをわかりやすく伝えます。要点はテロップでも表示されるので、ポイントがよくわかります。

3. まとめ
授業が終わったら、次は確認テスト。その前に、授業のポイントをおさらいします。

東進模試

学力を伸ばす模試

本番を想定した「厳正実施」
統一実施日の「厳正実施」で、実際の入試と同じレベル・形式・試験範囲の「本番レベル」模試。
相対評価に加え、絶対評価で学力の伸びを具体的な点数で把握できます。

12大学のべ42回の「大学別模試」の実施
予備校界随一のラインアップで志望校に特化した"学力の精密検査"として活用できます（同日・直近日体験受験を含む）。

単元・ジャンル別の学力分析
対策すべき単元・ジャンルを一覧で明示。学習の優先順位がつけられます。

最短中5日で成績表返却　WEBでは最短中3日で成績を確認できます。※マーク型の模試のみ

合格指導解説授業　模試受験後に合格指導解説授業を実施。重要ポイントが手に取るようにわかります。

2024年度

東進模試 ラインアップ

共通テスト対策
■ 共通テスト本番レベル模試　〈全学年統一部門〉〈高2生部門〉〈高1生部門〉　全4回
■ 全国統一高校生テスト　全2回

同日体験受験
■ 共通テスト同日体験受験　全1回

記述・難関大対策
■ 早慶上理・難関国公立大模試　全5回
■ 全国有名国公私大模試　全5回
■ 医学部82大学判定テスト　全2回

基礎学力チェック
■ 高校レベル記述模試〈高2〉〈高1〉　全2回
■ 大学合格基礎力判定テスト　全4回
■ 全国統一中学生テスト〈全学年統一部門〉〈中2生部門〉〈中1生部門〉　全2回
■ 中学学力判定テスト〈中2生〉〈中1生〉　全4回

※ 2024年度に実施予定の模試は、今後の状況により変更する場合があります。
最新の情報はホームページでご確認ください。

大学別対策
■ 東大本番レベル模試　全4回
■ 高2東大本番レベル模試　全4回
■ 京大本番レベル模試　全4回
■ 北大本番レベル模試　全2回
■ 東北大本番レベル模試　全2回
■ 名大本番レベル模試　全3回
■ 阪大本番レベル模試　全3回
■ 九大本番レベル模試　全3回
■ 東工大本番レベル模試[第1回]
　東京科学大本番レベル模試[第2回]　全2回
■ 一橋大本番レベル模試　全2回
■ 神戸大本番レベル模試　全2回
■ 千葉大本番レベル模試　全1回
■ 広島大本番レベル模試　全1回

同日体験受験
■ 東大入試同日体験受験　全1回
■ 東北大入試同日体験受験　全1回
■ 名大入試同日体験受験　全1回

直近日体験受験　各1回
■ 京大入試直近日体験受験
■ 北大入試直近日体験受験
■ 阪大入試直近日体験受験
■ 九大入試直近日体験受験
■ 東京科学大入試直近日体験受験
■ 一橋大入試直近日体験受験

2024年 東進現役合格実績
受験を突破する力は未来を切り拓く力!

現役生のみ!講習生を含みます!

東大 現役合格 実績日本一 ※1 6年連続800名超!

※1 2023年東大現役合格実績をホームページ・パンフレット・チラシ等で公表している予備校の中で最大(2023年JDnet調べ)。

東大 834名

文科一類	118名	理科一類	300名
文科二類	115名	理科二類	121名
文科三類	113名	理科三類	42名
学校推薦型選抜 25名			

現役合格者の36.5%が東進生!
東京大学 現役合格 おめでとう!!

東進生現役占有率 834 / 2,284
36.5%
全現役合格者に占める東進生の割合
2024年の東大全体の現役合格者は2,284名。東進の現役合格者は834名。東進生の占有率は36.5%。現役合格者の2.8人に1人が東進生です。

学校推薦型選抜も東進!
東大 25名
学校推薦型選抜現役合格者の27.7%が東進生! 推薦入試生東進生現役占有率 27.7%

法学部	4名	工学部	8名
経済学部	1名	理学部	4名
文学部	1名	薬学部	2名
教育学部	1名	医学部医学科	1名
教養学部	3名		

京大 493名 昨対+21名

493名 史上最高!※2 現役生のみ!講習生を含みます!

総合人間学部	23名	医学部人間健康科学科	20名
文学部	37名	薬学部	14名
教育学部	10名	工学部	161名
法学部	56名	農学部	43名
経済学部	49名	特色入試(上記に含む)	24名
理学部	52名		
医学部医学科	28名		

'22 '23 '24

早慶 5,980名 昨対+239名

5,980名 史上最高!※2 現役生のみ!講習生を含みます!

早稲田大	3,582名 史上最高!※2	慶應義塾大	2,398名 史上最高!※2
政治経済学部	472名	法学部	290名
法学部	354名	経済学部	368名
商学部	297名	商学部	487名
文化構想学部	276名	理工学部	576名
理工学部	752名	医学部	39名
他	1,431名	他	638名

'22 '23 '24

医学部医学科 1,800名 昨対+9名

1,800名 史上最高!※2 現役生のみ!講習生を含みます!

国公立医・医	1,033名 防衛医大学校を含む
私立医・医	767名 史上最高!※2

'22 '23 '24

国公立医・医 1,033名 防衛医科大学校を含む

東京大	43名	名古屋大	23名	筑波大	21名	横浜市立大 14名	神戸大 30名
京都大	28名	九州大	23名	千葉大	25名	浜松医科大 19名	その他
北海道大	18名	九州大	23名	東京医科歯科大 21名	大阪公立大 19名	国公立医・医 700名
東北大	28名				

私立医・医 767名 昨対+40名 史上最高!※2

自治医大	32名	慶應義塾大	39名	東京慈恵会医大 30名	関西医科大 49名	その他
国際医療福祉大 80名	順天堂大	52名	日本医科大	42名	私立医・医 443名

旧七帝大 +東工大・一橋大・神戸大 4,599名

東京大	834名	東北大	389名	九州大	487名	一橋大 219名
京都大	493名	名古屋大	379名	東京工業大 219名	神戸大 483名
北海道大	450名	大阪大	646名		

上理明青立法中 21,018名

上智大	1,605名	青山学院大	2,154名	法政大 3,833名
東京理科大	2,892名	立教大	2,730名	中央大 2,855名
明治大	4,949名			

国公立大 16,320名

※2 史上最高…東進のこれまでの実績の中で最大。

国公立 総合・学校推薦型選抜も東進!

旧七帝大 +東工大・一橋大・神戸大 434名		東京大	25名	大阪大	57名
		京都大	24名	九州大	38名
		北海道大	24名	東京工業大 30名
国公立大・医 319名		東北大	119名	一橋大	10名
		名古屋大	65名	神戸大	42名

国公立大学の総合型・学校推薦型選抜の合格実績は、指定校推薦を除く、早稲田塾を含まない東進ハイスクール・東進衛星予備校の現役生のみの合同実績です。

関関同立 13,491名

関西学院大	3,139名	同志社大 3,099名	立命館大 4,477名
関西大	2,776名		

日東駒専 9,582名

日本大 3,560名	東洋大 3,575名	駒澤大 1,070名	専修大 1,377名

産近甲龍 6,085名

京都産業大 614名	近畿大 3,686名	甲南大 669名	龍谷大 1,116名

ウェブサイトでもっと詳しく | 東進 | 🔍検索

2024年3月31日締切

付録 6

各大学の合格実績は、東進ネットワーク(東進ハイスクール、東進衛星予備校、早稲田塾)の現役生のみ、高3時在籍のみの合同実績です。一人で複数校合格した場合は、それぞれの合格者数に計上しています。

東進へのお問い合わせ・資料請求は
東進ドットコム ▶ www.toshin.com
もしくは下記のフリーコールへ！

ハッキリ言って合格実績が自慢です！ 大学受験なら、

東進ハイスクール

トーシン ゴーゴーゴー

0120-104-555

●東京都

[中央地区]
□ 市ヶ谷校	0120-104-205
□ 新宿エルタワー校	0120-104-121
＊ 新宿大学受験本科	0120-104-020
□ 高田馬場校	0120-104-770
□ 人形町校	0120-104-075

[城北地区]
赤羽校	0120-104-293
本郷三丁目校	0120-104-068
茗荷谷校	0120-738-104

[城東地区]
綾瀬校	0120-104-762
金町校	0120-452-104
亀戸校	0120-104-889
□★ 北千住校	0120-693-104
錦糸町校	0120-104-249
□ 豊洲校	0120-104-282
西新井校	0120-266-104
西葛西校	0120-289-104
船堀校	0120-104-201
門前仲町校	0120-104-016

[城西地区]
□ 池袋校	0120-104-062
大泉学園校	0120-104-862
荻窪校	0120-687-104
高円寺校	0120-104-627
石神井校	0120-104-159
□ 巣鴨校	0120-104-780

成増校	0120-028-104
練馬校	0120-104-643

[城南地区]
大井町校	0120-575-104
蒲田校	0120-265-104
五反田校	0120-672-104
三軒茶屋校	0120-104-739
□ 渋谷駅西口校	0120-389-104
下北沢校	0120-104-672
□ 自由が丘校	0120-964-104
□ 成城学園前駅校	0120-104-616
千歳烏山校	0120-104-331
千歳船橋校	0120-104-825
都立大学駅前校	0120-275-104
中目黒校	0120-104-261
□ 二子玉川校	0120-104-959

[東京都下]
□ 吉祥寺南口校	0120-104-775
国立校	0120-104-599
国分寺校	0120-622-104
□ 立川駅北口校	0120-104-662
田無校	0120-104-272
調布校	0120-104-305
八王子校	0120-896-104
東久留米校	0120-565-104
府中校	0120-104-676
□★ 町田校	0120-104-507
三鷹校	0120-104-149
武蔵小金井校	0120-480-104
武蔵境校	0120-104-769

●神奈川県
青葉台校	0120-104-947
厚木校	0120-104-716
川崎校	0120-226-104
湘南台東口校	0120-104-706
新百合ヶ丘校	0120-104-182
センター南駅前校	0120-104-722
たまプラーザ校	0120-104-445
鶴見校	0120-876-104
登戸校	0120-104-157
平塚校	0120-104-742
藤沢校	0120-104-549
□ 武蔵小杉校	0120-165-104
□★ 横浜校	0120-104-473

●埼玉県
□ 浦和校	0120-104-561
□ 大宮校	0120-104-858
春日部校	0120-104-508
川口校	0120-917-104
川越校	0120-104-538
小手指校	0120-104-759
志木校	0120-104-202
せんげん台校	0120-104-388
草加校	0120-104-690
所沢校	0120-104-594
□★ 南浦和校	0120-104-573
与野校	0120-104-755

●千葉県
我孫子校	0120-104-253

市川駅前校	0120-104-381
稲毛海岸校	0120-104-575
□ 海浜幕張校	0120-104-926
□★ 柏校	0120-104-353
北習志野校	0120-344-104
□ 新浦安校	0120-556-104
新松戸校	0120-104-354
千葉校	0120-104-564
□★ 津田沼校	0120-104-724
成田駅前校	0120-104-346
船橋校	0120-104-514
松戸校	0120-104-257
南柏校	0120-104-439
八千代台校	0120-104-863

●茨城県
つくば校	0120-403-104
取手校	0120-104-328

●静岡県
★ 静岡校	0120-104-585

●奈良県
★ 奈良校	0120-104-597

★ は高卒本科(高卒生)設置校
＊ は高卒生専用校舎
□ は中学部設置校

※変更の場合があります。
最新情報はウェブサイトで確認できます。

全国約1,000校、10万人の高校生が通う、

東進衛星予備校

トーシン ゴーサイン

0120-104-531

近くに東進の校舎がない高校生のための

東進ハイスクール 在宅受講コース

ゴーサイン トーシン

0120-531-104

ここでしか見られない受験と教育の最新情報が満載！

東進ドットコム

www.toshin.com

[東進] 🔍 検索 ⚙ X ◎ ▶ f

東進ＴＶ

東進のYouTube公式チャンネル「東進ＴＶ」。日本全国の学生レポーターがお送りする大学・学部紹介は必見！

大学入試過去問データベース

君が目指す大学の過去問を素早く検索できる！ 2024年入試の過去問も閲覧可能！

大学入試問題
過去問データベース
190大学 最大30年分を
無料で開放！

※2024年4月現在